本当に頭のいい人が
実践している

AI時代の読書術

藤井孝一
Koichi Fujii

ぱる出版

はじめに　ＡＩ時代に生き残るのは、本当に頭のいい人

二〇二二年十一月に登場したChatGPTをはじめとする生成ＡＩは、衝撃をもって迎えられ、ビジネスの分野にも普及しつつあります。これから仕事の効率を上げ、新たな可能性を引き出すことが期待されています。

同時に、心配する声も上がっています。仕事のあり方は大きく変わり、職種によっては、仕事を失ってしまうケースも想定されています。実際に一部の仕事は失われはじめています。私のまわりでも、資料や企画書の作成や簡単な原稿、翻訳などはChatGPTに作らせるようになったという人が少なくありません。つまり、それまでこれらの仕事を担っていた人は、すでにその仕事を失っているわけです。この流れは止められないでしょう。

子供のころは、科学技術が進めば、人間の身体が機械に代替されると思っていましたが、脳が代替されることまでは想像さえしていませんでした。昔のＳＦ漫画などでも、未来人の姿は、機械に頼った挙句、手足が退化し、頭ばかり大きくなったいびつな姿であったように思います。

ところが、現実には脳のほうが早々と機械に代替されていきそうです。専門家や研究者の間でも、かつては高度な判断力や創造的な思考が求められる仕事ほど、機械化やＡＩの影響を受けにくいとされていました。ところが、生成ＡＩが登場して以降は、そうした知的なホワイトカラーの仕事ほど機械化やＡＩの影響を受けやすく、むしろ手足を動かすブルーカラー的要素の強い仕事のほうが影響を受けにくいと考えるのが主流になっています。

考えてみれば、車の運転でも、自動運転よりも先にカーナビが開発され、普及しています。人間は道順を考えるという脳の仕事をナビに任せ、ナビの示した道順に従って手足を動かしています。運転に関しては、思考はＡＩが、身体を動かすことを人間が担っているのです。

しかし、**そんな時代だからこそ、私たちは脳を鍛えるべきだというのが本書の主張です。**なぜなら、ＡＩ時代こそ、ＡＩを使いこなす人間の頭脳が必要だからです。また、様々な領域で知的な活動がＡＩに代行されるようになり、むしろ意識的に頭脳を動かす必要があります。脳が正常に機能していることは、人間が生きていくうえで不可欠ですが、脳も筋肉同様、使わなければ衰えていきます。脳をさび付かせないためには、脳を使う必要があるからです。

読書は、そのための重要な役割を担うと思います。**読書が頭脳を鍛える上で効果的な手段であることは、これまでも多くの研究で裏付けられています。**ＡＩがどれだけ普及しても、人間の脳の構造が変わるわけではありませんから、読書が頭脳の鍛錬に有効であることは変わらないのです。

そんなわけで、これからも読書を習慣にするべきです。むしろその重要性はますます高まっていくと思います。ところが、残念なことに、読書をする人は減る一方です。その風潮に流されて読まなくなれば、脳は退化する一方です。

もちろん、読書の方法は調整が必要です。これまでも、ネット書店やソーシャルメディア、電子書籍の普及などがあり、そのたびに書籍の選び方や読み方、その活用方法など、読書のスタイルは微妙に変化してきました。ＡＩが普及すれば、求められる人材の姿や頭の良さの意味合いも変わるでしょうから、さらに調整が必要になるはずです。本書では、その調整を加えた、新しい読書のあり方を考えていきます。

はじめに、古くから思考力を鍛錬する効果的な活動とされてきた読書が、ＡＩ時代においても有効であることを解説します。

その上で、第2章以降で、具体的な新しい読書の方法を解説していきます。ＡＩ時代には、これまで以上に能動的でアクティブな読み方が必要です。そのためにはアウトプットも不可欠になると思います。その具体的な方法を解説していきます。

第3章では、本の選び方を紹介します。どのような本を読むべきかに加え、読むべき本に出合うためには、どんなところをチェックすればいいのか、オンライン書店や電子書籍も想定しながら解説します。

第4章では、読書の活用方法として、アウトプットの方法を解説します。読んだ本について考えたり、内容や感想を話したり、発信したりすることで読書を完結させ、学びを強化するアイデアを紹介していきます。

最終章では、私が読んできた本の中から、ＡＩ時代になっても役立ちそうな本を選んで紹介しています。これから読書を始める人が、本を選ぶ際に参照するブックガイドになっています。

読書は、ＡＩ時代においても、人間がＡＩを使いこなす上で必要な知性を開発する有効な活動です。そして、ＡＩの普及で懸念される思考力低下を防ぐ活動でもあります。**読書**

で脳を鍛え、思考力を育む習慣を持つことこそが、AIとの共存で始まる未知の領域に備える手段であると思います。本書をお読みいただければ、これからも読書が大事であり、読書を習慣にすれば未来は明るいと思っていただけると思います。

というわけで、本書はAIの普及に漠然とした不安をお持ちの方や読書が大好きな読書家はもちろん、これから本を読んで人生を切り拓いていきたいとお考えの方など、ビジネスパーソンに広くお読みいただけることを期待しています。

『本当に頭のいい人が実践しているＡＩ時代の読書術』

第1章

ＡＩ時代の読書

第2章 こう読めば、頭が良くなる

第3章

頭が良くなる本はこう選ぶ

第4章

頭が良くなる読書の活かし方

第5章

私が読んできた名著たち おすすめ30冊

第1章

AI時代の読書

AI時代に問われる頭の良さ

近年、ＡＩが普及してきています。関連する技術は急速に発展し、事務仕事の多くが、日々代替されつつあることを感じます。OpenAI社とペンシルベニア大学が共同で発表した論文には、**アメリカの労働者の8割が影響を受け、2割は労働の半分がAIに置き換わるとしています**。しかも、特に高学歴で高いスキルを持つ人が就く賃金の高い職業ほど影響を受けやすいとされています。

そんな時代に生き残るためにするべきことは、ＡＩと競うことではありません。そんなことをしても勝ち目はありません。**むしろAIを使いこなす力をつけることです。そして、AIにできないことをやることです**。当面は、この2つがポイントではないでしょうか。

大事なことは、自分の頭で考えることです。と言うと「思考こそＡＩの得意分野じゃないの」と思うかもしれません。しかし、現時点では、人間の思考のすべてをＡＩが代替できているわけではありません。そのため、ＡＩの活用は限定的です。中でも、勘やひらめき、独創性、創造力などは、今のところ人間独自の思考です。また高度なコミュニケーションも人間の範疇《はんちゅう》です。こうした定型化できない業務やヒューマンタッチな業務には、当面、人間の頭脳が必要とされると思います。

それに、いくらＡＩが進化したところで、人間が思考を放棄していいわけではありません。ＡＩを使いこなしたり、共存したりするためには、人間も思考力を維持する必要があります。そもそも、頭は仕事のためだけに使うものではないのです。

◎ＡＩに淘汰される人材とは

反対に、既存の文章や情報を参考に答えを導き出すことは、ＡＩの得意分野です。これまでは、ビジネスの世界で重視されてきた業務です。ビジネスでは、期限内に一定の成果をあげることが求められます。そのため、先達が集めたデータや考えたアイデアを書籍やネットで効率よく集めて、手を加えてまとめることで一定の評価を得る人がたくさんいました。

しかし、そのような仕事は真っ先にＡＩが代替していきます。ＡＩが普及すれば、安く買いたたかれた挙句、消滅する可能性があります。私も、企画書づくりや議事録作成、原稿起こし、テストの採点など、これまで社内外のスタッフにお願いしていた仕事を、すでにChatGPTに指示しています。月々わずか数千円で、瞬時に一定水準のアウトプットをしてくれます。つまり、これまでそのような仕事をお願いしてきた人たちは仕事を失ったのです。同じような仕事をしている人たちは、淘汰《とうた》されていくと思います。

◎ＡＩ時代に生き残れるのは、ＡＩの上司だけ

そういう時代だからこそ、むしろ思考を鍛えるべきです、ただし、鍛えるべき能力の軸足は変わります。前述の通り、**ＡＩ時代に求められるのは、ひとつにはＡＩを使いこなす力、もう一つはＡＩにできないことができる力です。**今後はそういう力を意識的に伸ばしていくべきだと思います。

まず、ＡＩを使いこなすには、課題や目標を明確にし、どのようにＡＩを活用するかを戦略的に考える必要があります。

たとえば、カーナビは目的地を入れると、瞬時に最適な道順を示してくれます。でも、自動運転は、技術的にも法的にも未完成ですから、人間がカーナビの示すルートに従って、手足を動かして運転しています。これをもって「人間が機械に操られている」と考えるのは間違いです。なぜなら、目的地を決めるのは人だからです。カーナビは、人が行きたい場所にたどり着くための最適解を瞬時に示したにすぎません。主従関係は、あくまでも人間が主なのです。

仕事も同様です。これからは人間がゴールを示せば、ＡＩが瞬時に最適な道筋を示してくれるようになるはずです。当面、その道筋に従って手足を動かすのは人間かもしれません。しかし、ゴール設定をするのはあくまでも人間です。ＡＩが道筋の最適解を瞬時に示してくれるようになるおかげで、人間は改革のアイデアを出すことや、社会への貢献など、いわば「何をしたいか」「何をすべきか」を考えることに時間がさけるようになります。

ＡＩにできないこととは、正にそういうことです。だから、自分をＡＩと差別化したいなら、たとえば「何をしたいか」「何をすべきか」を考えることや、その意味を考える力を磨くことです。いずれは人間の真価もそこで問われるようになると思います。

加えて、ＡＩが導いた結果や出力を理解し、評価する能力も必要です。今のところ、Ａ

Ｉは誤った結果を出す可能性がありますし、倫理的に問題があることも少なくありません。それが、ビジネスや人間社会にどんな影響を与えるかを考えたり、判断したりすることが必要です。また、ＡＩに関連する技術は日々進化し、新しいツールやアルゴリズムがこれからも次々に登場しますので、これを学び続け、適応する柔軟性も必要です。

これらの能力をバランスよく組み合わせて、ＡＩを上手に活用し、ビジネスに価値をもたらし、成果を上げていく能力が求められます。言いかえれば、ＡＩの上司としてＡＩに指示や命令をして成果を出し、その結果を評価できる人が、これからも生き残れる人だと思います。反対に、ＡＩが出した道筋に従って、ただ手足を動かしているだけの人は、ＡＩの手下です。そうなれば、安く使われた挙句、最終的には仕事を奪われると思います。

ワンポイント

AI時代には、AIの上司となってAIを使いこなす思考力が求められる

ＡＩ時代も脳の筋トレは読書

人間がいくら思考力を磨き、ＡＩとすみ分けたり、使いこなしたりしても、いずれ、技術の進歩でＡＩが苦手分野を克服し、人間はあらゆる分野で太刀打《たちう》ちできなくなるという人もいます。その結果、現在の頭脳労働の9割はなくなり、人間は一切の頭脳労働から解放されるという説もあります。それがいつかはわかりませんが、少なくともそういう方向に向かっていくことは間違いなさそうです。

とは言え、それは悲観すべきことではなく、むしろ喜ばしいことだと思います。かつて、仕事は肉体労働が中心でしたが、機械化の進展で、そうした人間の仕事を機械が請け負うようになりました。その結果、人間は重労働から解放され、代わりに身体でなく頭を使う労働にシフトしていきました。ＡＩの技術が進歩し、仕事への導入がさらに進めば、いずれ人間は頭脳労働からも解放される日が来るかもしれません。

しかし、だからといって、頭脳を鍛えても意味がないと考えるのは間違いです。なぜなら、前述の通り、人間はＡＩの主人であり続けるべきで、そのためには思考力が必要だからです。

◎「思考不足」で「基礎思考力」が衰える

それに、人間は仕事するためだけに思考しているわけではありません。生活を維持するためにも、プライベートを楽しむためにも、心身を正常に保つためにも、脳は重要な役割を担っており、正常に活動している必要があります。そのためには、思考活動を続けて脳に刺激を与え続け、機能を正常に保っていかなければなりません。

しかし、仕事で思考する機会が減れば、思考力の衰えが顕在化するかもしれません。機械化で肉体労働が減ったように、ＡＩの普及で頭脳労働が減れば、脳の使用頻度が減ることになります。その分、仕事以外で頭を使えばいいのでしょうが、その時には、あらゆる分野でＡＩが普及しているはずで、日常生活でも脳を使う機会は減っている可能性が高いと思います。

そうなると、これまでなかった弊害が顕在化するかもしれません。機械化で身体の負担が減り、身体が楽になった結果、現代人の多くが運動不足になり、生活習慣病に悩まされています。それを防ぐために、ジョギングをしたり、ジムに通ったりと、意識して運動習慣を取り入れる必要に迫られています。

同じように、頭脳労働から解放されるなどで、脳の負担が減れば「運動不足」ならぬ「思考不足」が起きる可能性があります。その結果「基礎体力」ならぬ「基礎思考力」が落ちてしまうかもしれません。

◎読書こそが脳を鍛える

こうした思考不足を回避し、**脳の機能を維持するには思考を続けることです。そのために有効なのが読書です**。このことは昔から多くの識者たちが指摘してきたことです。AIの技術が進歩しても、人間の脳の構造自体が変わるわけではありませんから、昔も、今も、これからも、その点は変わらないと思われます。読書は思考の機会を提供してくれます。読めば、考える習慣ができるのです。その過程で思考力が鍛えられます。つまり、読書習慣は、思考習慣につながるのです。**現代人が健康維持のためにジョギングや筋トレをするように、今後は思考力を維持するために意識的に読書することが必要になるのです。**

読書の効果は、思考の機会が増えること以外にも、色々あります。知識や語彙《ごい》力が増えることはもちろん、想像力が向上する、コミュニケーション能力が向上するなどです。たしかに、AIが即答してくれる時代に、知識や語彙を増やすことを目的とした読書の重要性は低下するかもしれません。それでも、考えるためには一定の知識や語彙は必要です。これらは思考の材料であり栄養なのです。そうした知識や語彙も読書で吸収することができます。

それに、知識量や語彙力でAIと競うことが難しくても、**拙《つたな》い知識や語彙力では、うまくAIを使いこなすことさえできません。**また、AIが導く答えの正誤も判断できません。読書で知識や言葉を学ぶことで、それらは生きた情報として脳にインプットされます。

そうして、**知識や語彙が増えれば、アウトプットする会話や文章の質があがり、コミュニケーション力が向上します。**他者からの見方も変わってきます。知識量や語彙力は、人間同士の交流においても重要な役割を果たすのです。

◎読書で著者の考えや価値観を吸収せよ

また、読書で著者の追体験をすれば、著者の考えや価値観が吸収できます。たとえば、経営者や偉人の著作を読めば、彼らの行動を知り、思考法や人生観に触れることができます。その結果、彼らと同じ目線で世界を眺めることができるようになります。

だからこそ、賢い人々たちは読書習慣を大切にしています。ビル・ゲイツは幅広い読書習慣で知られています。気候変動、医療、教育など様々なトピックの本を読み、フィクションも読んでいます。異なる情報源から情報を得ることで、広い視野を得たり、革新的思考力を育んでいると思われます。また、ウォーレン・バフェットは、一日の約80%を読んで考えることに費やすと言っています。彼は、新聞や年次報告書に加え、たくさんの書籍を読み、情報に基づいて投資決定を行っています。

日本でも、ソフトバンクの孫正義氏やユニクロの創業者柳井正氏を筆頭に、多くの経営者が読書を習慣にしていると公言しています。**彼らは読書を通して思考を習慣にし、アイデアや視点を育み、成功に必要なマインドを育んでいるのです。**

これは、ＡＩが普及する時代でも変わりません。日常業務をＡＩが代替するようになれば、人間には組織や環境を俯瞰《ふかん》する視点が求められるようになるかもしれません。そうした視点を得るには、経営者やリーダーの視点を持つことです。経営者と同じ本や、経営者が書いた本を読めば、経営者の視点から仕事を眺めることができるようになります。

このように考えると、読書は上に立つ人間に不可欠な習慣であり、ＡＩ時代にＡＩの上司になるためにも重要です。読書は、ＡＩ時代にますます重要な役割を果たすのです。

ワンポイント

AI時代には、読書で脳の筋トレをすることが不可欠になる

読み方ひとつで差がつく

読書は大事ですが、ＡＩ時代には、ただ読むだけでは不十分です。これまでの読書は、自分が知らないことを知るために読むインプットの手段でしたが、これからはＡＩ時代に備えて、脳の鍛錬、脳トレを目的にするべきです。

そのためには、読後にアウトプットすることを前提に読むことが必要です。インプットして終わらせるだけでは、脳トレ効果が不十分だからです。これからは、**書かれた内容についてて深く考え、内容や感想を人に伝えたり、内容を実践したりするなど、アウトプットまでして完結させるべきなのです**。そうすることで、読書は様々な形で頭脳を鍛えてくれるはずです。

◎現代人は、ひたすらインプットしている

現代は、インプットが容易な社会です。書籍が溢れ、パソコンやスマホで見ることのできるインターネットなどにも情報が溢れています。とても便利な時代と言えます。だから、誰もが暇さえあればインプットしています。世界では、毎日平均6時間57分、スマホの画面を見ているそうです。日本でも30代以上は、5時間22分眺めているといいます。実際、街中でも、誰もがスマホを眺めています。休憩時間や乗り物での移動時間中はもちろん、トイレの中や歩きながらでさえ、スマホを眺めている人がたくさんいます。

そのうちの多くの人が、ニュースサイトや動画を閲覧したり、他人の投稿を眺めたりしています。たとえば、利用者のアプリ別「スマートフォン平均利用時間」で見ると、全年代でYouTubeの利用時間が最も長いということです。いわゆるインプット中心です。

このように、**現代人は、ひたすらインプットしているのです。インプットの時間が長くなれば、相対的に頭で考えたり、自分の意見や考えを伝えたりするアウトプットの時間は削られていきます。**これではユーチューバーやインスタグラマーを稼がせて、自分の頭脳

を劣化させています。それを避けるためには、アウトプットを習慣にすることです。

◎読んだら、本について話す、書く、行動する

かといって、皆さんにユーチューバーやインスタグラマーになることを推奨したいわけではありません。おすすめしたいことは、本を読んだら、読んだ本について、深く考え、話したり、書いたり、内容を実行したりすることを推奨したいのです。

私は、これまでも読書はインプットにとどめず、内容について考えたり、アウトプットしたりするべきだと考えてきました。それを『読書は「アウトプット」が99％』という本にまとめたこともあります。この本は多くの方に読まれ、共感をいただきました。内容を簡単に説明すると、

①話す

本の内容について、家族や友人に話します。そうすることで内容がより鮮明に記憶され、学んだことをいつでも取り出しやすくなります。また、話してみることで、自分が

何を理解し、何を理解していないのかがよくわかるようになります。理解してないところは改めて確認し直せば、内容をより深く理解することができます。

②書く

本の概要や感想を、自分のブログやソーシャルメディア、アマゾンのレビューなどに書くことです。書く過程で理解が深まり、記憶に定着します。書く作業では、手を動かしますので、内容をより深く覚えたり理解したりすることができます。さらに読書メモを作れば、内容を忘れたときの備忘録としても役立ちます。

③行動する

本に書いてあることを、ひとつでもいいから実践してみることです。特に、ビジネス書は、読者が書いてある内容を実践することを想定して書いてあります。読むだけでは意味がありません。書いてあることをやってみることは、一番手軽なアウトプットですが、効果は絶大です。

これらを「アウトプット」と呼び、読後に実践することを推奨したのが前出の書籍です。アウトプットと言うとハードルが高そうですが、特に難しいことではないことをおわかりいただけると思います。AＩ時代には、こうした形で読んだらアウトプットすることがますます大事になると思います。

◎アクティブラーニングという考え方

この読書法は「アクティブラーニング」という学習法にもとづいています。直訳すると「能動的学習」という意味です。授業で先生が一方的に講義し、生徒は聴いて終わりではなく、講義の内容について生徒がディスカッションやディベート、グループワークなどをして、能動的に考えていく学習法のことです。アメリカのナショナル・トレーニング・ラボラトリーという組織のラーニングピラミッドでは、教科書を読んで勉強を終えた場合の平均修得率が10％だったのに対し、その内容についてグループ討論すれば修得率は50％に、実践すれば75％に、人に教えれば90％にまで上がるとされています。そんなわけで日本の文部科学省も「主体的・対話的で深い学び（アクティブラーニング）」を重視し、その視点からの授業改善を推進しています。

読書でも、アウトプットすれば、書かれた内容を脳に定着させやすくなります。また、思考の機会が増えるため、脳の鍛錬の効果が上がります。その結果、読書が単なる情報収集にとどまらず、効果的な脳トレ活動になります。

インターネットが普及して、知識を収集することが容易になったように、ＡＩが普及すれば、通り一遍の答えを導き出すことは、誰にとっても簡単になるはずです。答えを知っているだけでは評価されなくなります。**大事なことは、自分の頭で考えた付加価値の高いアウトプットをすることです。読書で、書く、話す、実践することを想定すれば、知識の定着率も上がり、自分の意見も持ちやすくなります。**どうすれば伝わるかを絶えず考えながら読むことで、コミュニケーション能力も鍛えられます。読後にアウトプットする読み方こそが、ＡＩ時代に必要な読み方なのです。

ワンポイント

読書はインプットで終わらせず、アウトプットまでして完結させる

ＡＩ時代に磨く思考力

ＡＩ時代には、読書で思考力を鍛えるべきですが、ＡＩを使いこなしたり、ＡＩが苦手なことをしたりするために、どのような思考能力を磨くべきでしょうか。

これについて、求められる能力がそれほど大きく変わるものではないようです。総務省「平成29年通信利用動向調査」によると、**ＡＩの普及に対応するために従業員に求める能力について、40％以上の企業が「創造性」「人間的資質」「業務遂行能力」を挙げています。**これらは、これまでもあらゆる仕事に求められてきた能力であり、ＡＩが普及しても重要性が変わらない基礎的な能力と考えられているようです。

とはいえ、この調査はChatGPTが登場する以前の調査ですし、個別の仕事については次第にＡＩに代替されていき、ＡＩが苦手な仕事だけが残るはずです。

ＡＩが苦手な仕事とは、当面は創造性が必要な仕事、非合理的な判断が求められる仕事、

人の気持ちを汲《く》み取る仕事などと言われています。そうしたことを念頭に置きつつ、前述の基礎的能力を磨いていけばいいと思います。

◎創造力

創造力とは、刺激やひらめきから新しいものを創造する能力です。これは、今のところ人間に分《ぶ》があります。ビジネスでは、新しいビジネスの立ち上げなど、一つひとつがユニークで、同じ方法で行われにくいものを作り出すことです。具体的には、新規事業の立ち上げや斬新な手法による問題解決は、現時点では人間の仕事です。もちろん、ＡＩの能力が進歩すれば、そうしたこともいずれ可能になるでしょうが、当面は人間の専売特許です。

こうした創造性を育むにも読書は有効です。読書では、活字から様々なシーンを想像します。物事を構造的・多面的に見て、感じ、理解し、意味合いを突き詰める訓練ができます。様々な分野の本を読めば、脳内で新しいつながりが生まれます。そこから得られたひらめきや革新的アプローチは、ＡＩが普及したビジネスシーンでも役立つはずです。

◎人間力・コミュニケーション力

人間力やコミュニケーション力が大事なことは、ＡＩ時代も変わりません。ＡＩはヒューマンタッチなやり取りが苦手です。冷たい感じがするため、Siriには人生相談や医療相談など、高度な相談はしたくないと考える人が多いと思います。少なくとも、こうしたやりとりは人間としたいと思う人が多いはずです。これは、人間の本能であり、ＡＩが進歩しても代わりえない部分だと思います。

だから、少なくともインターフェイスの部分は人間が担うことになるはずです。たとえば、医療の現場で膨大な症例から最適な治療法を見つけるのはＡＩでも、それを伝える役割として人間は求められると思います。その時、問われるのは人間らしさであり、コミュニケーション力です。

また、コミュニケーション力はＡＩを使いこなすためにも必要です。ＡＩとも対話が必要だからです。中でも、指示や質問をする力が大事です。質の高い指示をするほど、質の高いアウトプットが得られるからです。だからこそ、ＡＩに指示したり質問したりするプロンプトデザイナーという仕事が成り立つのです。

人間力やコミュニケーション力を養えるのも読書です。様々なジャンルの本を読めば、作者の気持ちや、登場人物の感情などがわかるようになります。**読書で他人の考えや、喜び、悲しみ、痛みに触れることで、他者とのコミュニケーション能力が向上します。**さらに、読書で語彙が増えれば、コミュニケーション力はさらに上がります。内容に疑問を感じることもあるでしょうから、質問力も磨かれます。

◎目的地を決める力

カーナビの例で解説した通り、これからは目的地の設定が人間の重要な役割になると思います。AIは瞬時にゴールへの道筋を示してくれますので、人間は「何をしたいか」「何をすべきか」を、その意味や目的とともに考え、それを評価することに専念していくことになると思われ、真価もそこで問われるようになると思います。

これまで、組織の中で、ゴールを決め、その意味を考え、決めることを担ってきたのは主に経営者をはじめとするリーダーです。彼らの仕事は、自分のやりたいこと、やるべきことを決め、その実現に向かって組織を動かすことです。そう考えると、経営者の仕事こそ、ＡＩに代替されない仕事と言えそうです。いわば、ナビに目的地を入力する仕事です。これこそが最後までＡＩに置き換わらない究極の仕事です。

ＡＩとの競合を避け、ＡＩに置き換わらないようにするには、社長のように考え、働くことです。そのためには、ゴール設定や、やりたいこと、やるべきことを明確にする力を磨くことです。

そのためにも有効なのが読書です。読書は思考方法を形成します。経営者の書いた本を読んだり、経営者が読んでいる本を読んだりすれば、経営者の思考が理解でき、思考パターンが手に入ります。

事実、経営者には読書家が多いのです。私は経営コンサルタントとして、また経営者としてたくさんの経営者と付き合ってきましたが、その経験からも経営者には読書家が多いことを感じます。

このように、ＡＩ時代に求められる能力は、読書で鍛えることができます。ＡＩ時代に生き残り、活躍するには、こうした資質を磨くことを意識しながら読書することが求められるのです。

ワンポイント

読書で創造力や人間力、経営者の思考法を育むことを意識する

読書と幸せの奇妙な関係

読書には、思考力の強化以外にも色々なメリットがあります。たとえば、**読書をすると健康になると言われています**。アメリカのイエール大学の12年間の調査では、週に3・5時間までの読書をするグループは、読書しない人にくらべて、12年間で17％死亡リスクが低かったそうです。

また、読書する人たちはしない人よりも平均して2年ほど長生きだったともいわれています。読書は集中して脳を鍛えるだけでなく、暴飲暴食を避け、すみやかな入眠に導くなど、良質な生活習慣につながるからとも言われています。

また、読書は認知症も予防すると言われています。人間の認知能力は、加齢とともに自然に低下していきますが、読書はこのプロセスを緩和することができます。アメリカのラッシュ大学メディカルセンターの調査研究によると、読書をすると認知低下が32％遅くなることがわかったそうです。読書は、高齢者の認知機能の低下の速度を遅らせるのです。

実際、読書のように精神的に刺激的な活動に従事する人々は、アルツハイマー病や他の形態の認知症の発症を遅らせることが示されています。

つまり、日常生活に運動を取り入れることで身体の高齢化を遅らせることができるように、**読書を習慣にして暮らしに脳の筋トレを取り入れれば、脳の老化を遅らせることができるのです。**

◎読書が心の避難所になる

読書は、脳トレにとどまらず、心の避難所にもなりえます。日常生活のストレスを緩和してくれるのです。たとえば、6分間読書をするだけで、ストレスは68%軽減するそうです。これは、音楽鑑賞や散歩より効果的ということです。わずか30分読書をするだけで、血圧、心拍数、心理的苦痛を、ヨガやユーモアと同じくらい下げてくれるという研究結果もあります。

また、**読書は生活の満足度と幸福を高めてくれます。**本を読んだという達成感と、その過程で得られる成長の実感が幸福につながります。さらに、読書は新しい視点やアイデアを得るなど、インスピレーションの源です。それが人生の前向きな変化につながります。

さらに、読書はコミュニティへの帰属を生みます。小説などの物語の書籍を読めば、他者に共感する能力を高めることができます。登場人物の生活に入り込むことで、実生活における人々に対する理解と感受性を高めます。こうして共感力を育めば、孤立から自分を守ることにもつながります。読書クラブや読書グループに参加すれば、社会的つながりになります。そこで読んだ本についての思いや感情を共有することもできます。社会的な交流とサポートを求める人々にとって有益です。こうした交流は、ＡＩの時代にこそ重要になると思います。

◎読書でお金が貯まる

お金持ちは、本を読んでいます。読書量と年収の相関を示すデータがあります。少し古い統計ですが「一般財団法人出版文化産業振興財団」の『現代人の読書実態調査』（２００９年）によれば、世帯年収が高いほど読書量が多い傾向があるそうです。月３冊以上、本を読むのは世帯年収「1500万円以上」が最も多く40・5％、最も少ないのが「300〜500万未満」で22・6％という結果でした。また「0冊」と回答した人は「1500万以上」で9・5％、「300〜500万未満」で28・2％ということです。

また、こちらは私自身がかかわった調査ですが、プレジデントの調査で「月4冊以上本を読む」と答えた人の割合は、年収1500万円以上で34・6％、年収800万円台で17・8％、年収500万円台で17％でした。総務省の家計調査でも書籍費と年収に強い相関関係があることがわかっています。つまり、**世帯年収が高い人ほど読書量が多い傾向があることがうかがえます**。読書で自己研鑽《けんさん》を続けることが、高い年収につながっていると推察できます。

もちろん、経済的に余裕があるから本を買うという見方もできます。しかし、本の単価はわずかです。むしろ、**本を読むからお金持ちになれたと考えるほうが自然です**。

読書で収入が上がるのは、知識と教養、思考力が身につくからです。仕事で成果を上げるには、自分がかかわる業界の専門知識や技術が必要です。ビジネスや経済に関する書籍を読むことで、市場の動向、投資戦略、財務管理の方法などを学べます。取引先や職場の仲間と良好な関係を築くためにも教養は必要です。

		1ヵ月で、平均何冊ぐらいの本を読みますか？						
		全体	0冊	1冊	2冊	3〜4冊	5〜7冊	8冊以上
全体		1550人 100.0%	367人 23.7%	452人 29.2%	298人 19.2%	277人 17.9%	92人 5.9%	64人 4.1%
世帯年収	100万円未満	87人 100.0%	24人 27.6%	27人 31.0%	14人 16.1%	11人 12.6%	5人 5.7%	6人 6.9%
	100〜300万円未満	238人 100.0%	59人 24.8%	77人 32.4%	38人 16.0%	46人 19.3%	11人 4.6%	7人 2.9%
	300〜500万円未満	447人 100.0%	126人 28.2%	137人 30.6%	83人 18.6%	69人 15.4%	17人 3.8%	15人 3.4%
	500〜700万円未満	308人 100.0%	77人 25.%	91人 29.5%	57人 18.5%	45人 14.6%	23人 7.5%	15人 4.9%
	700〜1000万円未満	288人 100.0%	53人 18.4%	72人 25.0%	68人 23.6%	63人 21.9%	23人 8.0%	9人 3.1%
	1000〜1500万円未満	140人 100.0%	24人 17.1%	37人 26.4%	28人 20.0%	33人 23.6%	8人 5.7%	10人 7.1%
	1500万円以上	42人 100.0%	4人 9.5%	11人 26.2%	10人 23.8%	10人 23.8%	5人 11.9%	2人 4.8%

また、読書をすれば多様な視点や新しいアイデアに触れることができます。これが創造的な思考を育みます。視点が広がれば、様々な分野の専門家や思想家の思考を自分のものにできます。自己啓発書や伝記を読むことで他人の経験から学べば、自分の能力を高めることができます。

さらに、仕事ができる人材になるには、思考力が必要です。これは読書で身に付きます。企業や社会が求めるのは、仕事を成功に導くために、施策を立案したり、実行に移せたりする人材です。また、仕事では様々な問題やトラブルに直面しますが、そうした問題を解決するにも思考力が不可欠です。思考力がある人材は、いつの時代も引く手あまたです。読書で知識を身につけ、思考力を育めば、どんな時でも職に困ることはなくなります。起業して成功する確率も高くなります。

このように、**読書は身体と脳とメンタルの健康と高年収につながります**。これは、人間が変わらない以上、ＡＩ時代になっても変わりません。むしろ、ＡＩが普及して、職場でＡＩに依存するようになれば、ますます意識的に脳を活性化させる必要がありますが、そのために一番いいのが本を読むことです。**読書は、知的満足度を上げる以上に、心身の健康を維持し、経済的な豊かさをもたらしてくれます**。それが幸福を育み、充実した生活を促します。人生を豊かにするためにも、読書を生活に取り入れるべきなのです。

ワンポイント

読書で健康とお金が手に入り、幸せになれる

本を読めば差別化できる

ＡＩ時代こそ、読書は重要です。しかし、残念なことに、人は本を読まなくなっています。文化庁の国語に関する世論調査（２０１８年度）によれば、日本人のうち「読書量が以前より減っている」という人が67・３％に、「月に一冊も本を読んでいない」という人は47・３％にものぼります。

理由は、まず時間の問題です。現代人はますます忙しくなっています。加えて、コンテンツが増えています。読むべきもの、見るべきものが増えたのです。ソーシャルメディアの普及で発信も必要です。一方、読書は時間がかかりますので、真っ先に選択肢から除外されがちです。電車の中でも、本を読んでいる人はすっかり見かけなくなりました。

加えて、集中力がなくなったことも感じます。ＩＴ企業はユーザーの注意力を奪い、ページビューを上げることに血道をあげています。それが売り上げに直結するからです。しかも、最近はタイパが重視され、映画さえ倍速で見る時代です。我慢強さより、効率が評価されるのです。その結果、腰を据《す》えて本を読む忍耐力や自分で考える集中力が失われています。

でも、だからこそ本を読むべきです。ここまで述べてきた通り、読書には様々な効果があり、それはこれからも変わらないどころか、ますます重要になるからです。にもかかわらず、多くの人が効果に気づかず読まなくなっているのです。つまり、読む人にとってはチャンスです。読んだ自分だけが得をするからです。読まない人が増えれば、読むだけで差別化できるのです。読書の効果は、以前より出やすくなっています。わずか数千円分の本を定期的に読むだけで、大きなアドバンテージを得られるのです。読まない手はないと思います。

◎かえって頭を悪くする！　間違いだらけの読書

時間がない、でも本の重要性は自覚しているというわけで、対策する人もいますが、中には間違いと言えるものもあります。たとえば、速読です。映画も倍速で見るタイパ重視の時代に重宝され、その手法は溢れています。でも、その大半は意味がないと思います。速読のノウハウでは、目玉を素早く動かせとか、目で文字をスキャンせよなどと言います。でも、そんなことは常人にできるものではありません。

百歩譲って、速く読めるようになっても、速く理解できるようになるわけではありません。読む速度に比例して脳の処理速度が速くなるわけではないからです。少なくとも、私には速く読み終わることも、内容を速く理解することもできません。だから、速読は推奨しません。

速読は、テキストを迅速に処理する技術ですが、理解を深める技術ではありません。本の真価は、情報収集でなく、その内容の意味を理解し、考えることにあります。また、速読で得た情報が長期的に脳に残るかどうかは疑問です。深い学習と理解がなければ、知識は時間とともに忘れやすくなるからです。

速読が廃《すた》れないのは、本はより多く読むべきという根強い誤解があるからです。しかし、本は単に多く読み、多く情報を取ることがいいわけではありません。それよりも深い理解や思考が重要です。読書は、数を追い、読むスピードを上げるより、自分のペースで行い、自分の頭で内容を理解することを重視するべきです。

◎本の要約動画に頼らない

同じように、読書時間を確保する工夫として、本の要約があります。世の中は、本の要約情報で溢れています。何を隠そう私自身もやっています。本を選定し、要約して、メールマガジンで紹介しています。はじめてからすでに20年以上経ており、いわば本の要約の先駆けのようなところがあります。その後、様々なメディアが登場しましたが、そのたびに本の要約は人気のコンテンツです。たとえば、YouTubeでも本の要約は人気を博しています。コンテンツも比較的容易に作れる上に、タイパ時代ということもあってアクセスが稼げます。

ただし、先駆けた人間が言うのもなんですが、こうした要約に依存するのはお勧めできません。頭の訓練に向かないからです。思考の多くを要約者に委《ゆだ》ねることになるからです。たしかに、情報のエッセンスを要領よく吸収できます。しかし、読書の目的は、情報を吸収することではありません。むしろ、**得た情報をたたき台に、自分の頭で思考し、頭脳を鍛えることです。AI時代はますますそうした鍛錬が必要になります。**思考力の鍛錬には、本と向き合う必要があります。著者と対話し、読んだことについて自分で考える時間も必要です。

要約動画は、数百ページの本を数分の動画に要約していますから、要点を抽出せざるを得ません。抽出する箇所は、要約者のポリシーや関心、好みに沿ったエッセンスです。そもそも、このエッセンスを抽出する作業こそが、思考力の鍛錬になります。要約動画を見るだけの人は、頭脳を鍛錬する機会を要約者にゆずっているのです。

もし、要約コンテンツの閲覧だけで読書をした気になっているとしたら、思考訓練の機会を失っています。そこに時間の多くを費やしているとしたら、時間の節約と引き換えに、思考力鍛錬の機会を失っていることになります。

◎速読や要約は、本の選定にだけ使う

前述の通り、速読も要約も「本はできるだけ多く読むべき」という考え方が根底にあります。限られた時間内に、できるだけ多く読むために、より早く読む技術が必要とされ、開発されたのです。しかし、本は「これは」と感じた本をじっくり読むほうが有益で

す。読んだ数より、深さを意識するべきです。学生の頃を思い出しても、成績のいい人ほど、気に入った教科書や参考書を徹底的に読み込んでいたはずです。こうした理由から、気に入った本に出合ったら徹底的に熟読することです。

もちろん、要約も書籍の選定に活かすなら意味があると言えます。本は読まなければ内容がわからない特殊な商品だからです。選定のガイドとしてなら、大いに利用すべきです。ただし、気に入った本は必ず自分で読むべきです。それをせず、要約だけで読んだ気になっているとしたら、要約者の脳トレを手伝うだけで、むしろ頭を悪くしているかもしれません。

ワンポイント

速読や要約は脳トレにならない。本を選定する手段として使うべき

第2章

こう読めば、頭が良くなる

読書の誤解を解いておく

前章で述べた通り、ＡＩ時代こそ読書が大切です。本章では、具体的にどのように本を読めばいいのかを解説していきます。

もちろん、普通に読めばいいのですが、ＡＩ時代に備えて思考力を鍛えるには、工夫も必要です。たとえば、前出の通り、読後にアウトプットすることを想定して読むことです。

本章では、こうした読み方の工夫を紹介していきます。

◎読書につきまとう根強い誤解

まず、本の読み方について、根強い誤解があります。ＡＩ時代に備えて思考力を鍛えるために、こうした誤解を払拭《ふっしょく》しておきます。

誤解1　本は最初から順番に読むべき

一般に本は頭から順番に読むべきと言われています。理由は、著者の意図が理解しやすい、内容の構造を把握しやすいからです。たしかに、それも一理あります。特に小説などの文学作品は、作者の意図に沿って最初から順番に読むことが推奨されます。頭から読むことで、物語の展開や登場人物の成長が追いやすくなるように作られているからです。

ただ、いわゆるビジネス書などはその限りではありません。難解な箇所や興味の湧かない部分があると、読み続ける意欲が低下します。また、全体を理解するのに時間がかかり、本当に必要な情報にたどり着けなくなることがあります。

だから、こと思考の鍛錬を目的とした読書においては、むしろ順番を気にせず読むほうが有益です。目次や索引を活用したり、ブラウジング（拾い読み）をしたりすれば、必要な情報に直接アクセスすることができますので、必要な情報を素早く取得することもできます。こうして、自分の関心にあわせて、つまみ食いしながら読むことができます。

著者のスタイルが、自分に合わない場合もあります。順不同に読むことで、かえって著者の意図を理解できる可能性もあります。結果、柔軟な思考が養われます。そもそも、ビジネス書の著者は、自著が読まれる順序に大きなこだわりを持っていないものです。

このように、本を順不同で読むことには様々なメリットがあります。思考の鍛錬が目的なら、むしろ順不同で読んだほうが有益である場合も少なくないのです。

誤解2 本は全部読むべき

本は、全部読むべきというのも誤解です。内容のすべてが自分に有益とは限らないからです。興味や目的に応じて、必要な情報や洞察を得るために読むべきです。すでに知っている箇所や興味を引かない箇所、役立ちそうもない箇所にまで時間を費やすことは無駄です。

ビジネス書では、同じテーマやアプローチを異なる視点から取り上げることもあります。一度習得した内容については、改めて他の本で収集する必要はありません。中には、理解を助ける目的で、同じ原則やアイデアを繰り返すものもあります。すでに理解しているなら、改めて読む必要はありません。

また、幅広いトピックをカバーしている書籍は、自分のニーズや関心に合致しない内容を含んでいる場合もあります。その場合は、目的に合致した箇所だけを読み、残りは読まないことで時間を有効に使えます。

そもそも、読書を脳トレと位置付けるなら、どこを読むかの選定作業自体が鍛錬になります。その意味からも、読むべき箇所を選定しながら読むことは目的にも適《かな》っています。

たしかに、せっかく買った本だから、一字一句逃さず読みたいという気持ちも理解できますが、本は一つでも学びがあれば十分、元が取れています。むしろ、全部読むことがプレッシャーになって、本を手に取り損ねているとしたら、かえって有害です。

誤解3　本は、きれいに読むべき

本はきれいに読むべきだと教えられている人もいるかもしれません。せっかく買った本だからきれいに保ちたいという気持ちは理解できます。ただ、**脳トレが目的なら、書き込みせずにきれいに読むのは間違いです。**

理由は、脳トレを目的に読むなら、主体的に読むべきだからです。そのためには、本にメモを書き込んで、重要なポイントを強調するべきです。その過程で情報をより深く理解することができます。書き込みやメモは、学習を強化する手段なのです。

また、ビジネス書の中には、理論だけでなく、ワークやフォーマットなど、具体的なツールを掲載しているものも少なくありません。これらを自分に役立てるなら、実際に手を動かして書き込んでみるべきです。その活動を通じて、内容を理解し、実生活に適用することができます。

さらに、書き込めば、後で振り返りしやすくなります。読んでも忘れますし、一度読んだくらいでは理解できないものもあります。思い出したり、理解したりするために振り返って再読する必要がある場合もあります。書き込みやメモをしておけば、後で読み返す際、効率的です。また、他の人と内容を共有する際にも、メモや書き込みは説明の手段として役立ちます。

読書で脳トレするなら、こうした誤解を解消してから取り組むべきです。それが能動的学習を促し、実践に結びつけやすくなり、脳を鍛えることにつながるはずです。

ワンポイント

順不同で、必要な箇所だけ読めば十分。
読む際は、手を動かしてどんどん書き込む

読書前の準備体操

いよいよ読みはじめますが、まずは準備が必要です。運動の前に準備体操をするように、読書も読む前に準備が必要なのです。

◎読書の目的を再確認しておく

まず、その本を読む目的を明確にしておきます。小説のように娯楽が目的で読むのと違い、ビジネス書は目的を持って読む本です。「最新ビジネス事情について知識を得たい」「自分を元気づけたい」「自分の仕事に役立てたい」「考える力を強化したい」など、人によって様々でしょうが、脳トレ以外にも特定の意図や目的があるはずです。それを明らかにしてから読みはじめます。

目的を明確にして読み始めれば、読書はより有意義になります。目的を果たすことに意識を集中して読めるからです。目的が果たされるなら、全部読む必要はありません。また、目的が明確なら、読書に投じたお金や時間に価値があったかどうかを判断する材料にできます。自分の仕事や生活に活かしてこそ価値があるのがビジネスパーソンの読書です。まず、読む前に目的を明確にしておくことが大前提なのです。

◎目次で全体像を把握する

目的を明確にしたら、次に全体像を把握します。そのために活用したいのが目次です。目次には、各章の「タイトル」と「見出し」が書いてあります。これに目を通すことで、本の論旨と構成、おおまかな内容が大体分かるのです。

読む前に目次を眺めて、全体像を把握して「どこに何が書いてあるのか」にあたりを付けておきます。それを頭に入れながら読みはじめるのです。

たとえば、巨大なショッピングモールで道に迷わない人がいます。そういう人は、頭の中に建物の全体像が入っていて、買い物をしながらでも自分の居場所を認識しています。

だから迷わないのです。そして、迷わない人ほど、買い物の前に館内マップを一覧し、どこに何があり、自分が今どこにいるのかを確認してから動きはじめるものです。

読書も同じです。道に迷わないためには、館内マップを頭に入れておく必要があります。書籍の館内マップが目次です。目次は、どこに何が書いてあるかが一覧できるページです。

目次は、読み進める際に自分の立ち位置を知る重要な手掛かりになります。読書でも、読んでいる間に細かい部分に入り込み、全体を見失うことがあります。そうなると著者の意図や内容が理解できなくなります。道に迷うのです。

そうならないためには、いつも目次を頭の中に思い描き、自分がどこにいるのか、立ち位置を確認しながら読むことです。そのためにも、まず読みはじめる前に目次をチェックしておき、全体の構造を把握しておくことです。

◎目次でどこを読むかを決める

目次を眺めれば、どのあたりを重点的に読むべきか、あたりを付けることもできます。場合によっては、気になるところから読みはじめるのもいいと思います。

目次を確認して、どこに何が書かれているかを確認すれば、モチベーションの維持になります。書籍の多くは、重要なことが前半に書いてありますが、中には中盤以降に書いてあることもあります。重要箇所のありかをあらかじめ知っておけば、途中で挫折《ざせつ》することなく読み進むことができます。場合によっては、重要箇所から読んでもいいと思います。

もっと言えば、目的が達成されたら、あたりをつけた箇所だけ読んで読書を終わりにしてもよいです。読む順番を自分で決めてもいいと思います。読書の主導権は、あくまでも読者である自分が握っているのです。

◎カバーもチラシも捨ててしまう

読書の準備として、物理的なことも付け加えておきます。私は、読む前に本の中に挟まっているチラシや宣伝、ハガキなどは、すべて捨ててしまいます。続いて、帯もカバーも取りはずします。読む際に煩《わずら》わしいからです。私にとって、書籍のカバーは無用の長物です。

本のカバーは、包装紙にすぎず、読書そのものには役に立ちません。購入した時点で役割を終えています。もちろん、本を保護する役割もありますが、ここで推奨する読み方では、どんどん書き込みます。見た目をきれいに保つという発想はありませんので、カバーは不必要です。買ったらすぐに捨ててしまいます。

また、本を読みやすくするために、手に馴染ませる作業、いわば、〝なめす〟作業をします。具体的には、各章の扉のページを、大きく180度に開き、開きぐせを付けていきます。ハードカバーなどは、バリバリ無惨な音を立て、ひどいときにはそこから裂けてしまいますが、しかし、こうすることで、本が糊《のり》の力で閉じようとする力を弱めることができ、本が開きやすくなります。また、手に馴染み、読みやすくなります。

子供のころ、新品のグローブを買った時、手に馴染ませようと踏みつけたり、水につけたりしたことがあると思います。新品のジーンズも、履く前に水洗いしたり、手洗いしたりして傷めつけておくと体に馴染みます。これと同じです。

こうして、加工を加えることで、本は自分だけの一冊になります。その感覚をじっくり味わいます。私にとって、この作業は読書前の重要な儀式です。これからこの本と向き合うことを自分に宣言し、読書に精神を統一させる効果があります。本は傷みますが、本は道具と割り切れる方、読み倒す覚悟がある方は、ぜひ試してみてください。

ワンポイント

読む前に、目次で構成を確認し、頭に思い描いておく

本をアクティブに読む

いよいよ実際に読んでいきます。繰り返しますが、ＡＩ時代の読書は、脳トレが目的です。ポイントは、アクティブに能動的に読むことです。そのためにはアウトプットを前提にすることです。

読書は、どうしても受け身になりがちです。著者の講義を一方的に聴くように、字面を追うだけになりがちです。結果、著者の思考の後追いになります。もちろん、それでも効果はありますが、さらに効果を高めるには、アクティブに読むべきです。内容の理解が進み、気づきも得やすくなります。重要な箇所を繰り返し読んだり、考えたりすれば、さらに理解が進み、深く脳に刻まれ定着します。文章をじっくり読むため、語彙力や表現力も向上し、自分の意見やアイデアを表現する力もつきます。

◎「熟読」と「流し読み」を使い分ける

ただし、分厚い書籍を最初から最後までアクティブに読むことは現実的ではありません。アクティブに読む際は、立ち止まって考えたり、メモをとったり、調べものをしたり、要約したりするなど、追加の作業が色々と必要になります。そのため、普通に読むより、時間とエネルギーを要してしまいます。

また、こうした作業は読書の流れを妨げ、著者の理論を見失わせてしまいます。さらに、注意深く読むことでストレスもかかります。その結果、読書が苦痛になってしまい、読むのを止めてしまうとしたら、本末転倒です。

授業を受ける時も、絶えず緊張感を持って前のめりで聞いているわけではありません。普通は、講師の話を受動的に聴きながら「ここは重要そうだ」とか「テストに出そうだ」という箇所になったところで、覚醒し、集中して聴くはずです。さらに大事なところは、後で参照できるようにノートに記録したりするのです。最初から最後まで、講師の話を一言一句聞き漏らさないように集中することはできないからです。

読書も同じです。字面《じづら》を追って流し読みしながら、「これは大事だ」という考え方や理論に出合ったら、そこは立ち止まり、しっかり腰を据えてアクティブに読むのです。それこそが、読書に能動的に取り組むということであり、読書を効果的な思考訓練にする秘訣なのです。

◎「流し読み」で熟読すべき箇所を選別する

まず、熟読すべき箇所を選別するために読みます。ここで役立つのが「流し読み」です。どこをじっくり読むかを見つける目的で読むのです。そして「これは」と思う箇所を見つけたら、立ち止まり「熟読」するのです。

まず、目次を頭に入れたら、読み始める場所を決めます。すでに述べた通り、頭から読む必要はなく、目次の段階で気になるところから読めばいいのです。特になければ、頭から読んでいきます。

この時は、あまり深く考えず、全体の流れをつかむつもりで字面を追っていきます。その際、役に立つのがペンと付箋です。これはという箇所を見つけたら、すかさず印をつけます。後で見失わないための目印ですから、簡単で大丈夫です。

大事なことは、目だけで読むのでなく、手を動かしながら読んでいくことなのです。

◎重要箇所を能動的に「熟読」する

こうして読む中で、気になる箇所を見つけたら、そこは能動的に「熟読」します。その際は、著者と対話するように読むことです。たとえば、著者に質問したり、共感したりしながら読んでみます。著者の主張や論理を鵜呑《うの》みにせず、自分の考えと比較したり、自分の仕事に当てはめたり、評価したりしながら読み進めます。その過程で疑問に思ったことは、著者に問うように読むことで、クリティカルシンキング（批判的思考）の練習にもなります。

仮に著者の主張に納得できないなら、その理由を考え、自分なりに反論してみます。そのためには、他の文献を参照したり、インターネットを活用したり、場合によってはＡＩを活用したりする必要もあるかもしれません。

こうして著者と対話するように読むことで、読書は能動的な取り組みになります。実際、書籍の中には、読者と著者の対話形式で書かれたものもありますが、これは対話が理解を促す上で有益だからです。

また、重要箇所は、書き出してみたり、自分が理解しやすいようにまとめ直したりします。時には、自分で図解したり、著者の表現を自分なりの表現に変えてみたり、内容について仮想の相手に講義してみたりすることもあります。このように、重要箇所に徹底的にじっくり関わることで思考力を鍛えます。

ただし、時間も集中力も限られるので、熟読は重要箇所に限ります。そのためには、重要箇所を見つけるための流し読みが必要です。こうして**流し読みと熟読を組み合わせて読み進めることがアクティブな読書には必要なのです。**

ワンポイント

「流し読み」と「熟読」を組み合わせてアクティブに読む

アクティブに読むためのマーキング

アクティブに読む際に欠かせないのが、本への書き込みです。書き込みながら読むことで、読書の理解を深め、知識の定着を促し、長期的な学習効果を高めます。読書の際、目と脳だけでなく、手も動かすことで、脳の動きをより活発にさせます。マーキングこそがアクティブリーディングを効果的に行うポイントなのです。こうして受け身になりがちな読書に能動的に取り組むことが、読書を脳トレにする秘訣です。

残念ながら、読み終わると本はボロボロになりますが、自分の知恵とアイデアの結晶が染みこんだ、他に代え難い財産になります。

だから、本は人や図書館などから借りて読むべきではありません。書き込んだり、折り曲げたりできないからです。中古市場で売れなくなると気にしないことです。書き込みで得られる価値は、中古市場で失われる価値を大きく上回るからです。

自分が読み込んだ本を人に貸すこともありません。書きこみを見られるのは恥ずかしいですし、何より人に貸す可能性を意識しながら読むと、メモ書きの際も意識して、本音が書きにくいからです。

◎マーキングはこうやる！　具体的な書き込みのテクニック

書き込みには、テクニックがあります。まず、読みながら文中に気になる単語を見つけたら、すかさず印を付けます。共感したり、疑問に感じたりしたことや、「誰かに教えよう」「仕事に活用しよう」と思った箇所なども記しておきます。

なお、単語に印をつけるときには下線を引くのでなく、四角や丸で囲むか、「　」いわゆるカギ括弧でくくります。囲んだり、くくったりする単語には、主に二つのタイプがあります。

①重要なキーワード

初めて聞いた単語、最近よく耳にする単語、自分の仕事に関係がありそうな単語など、気になった単語を囲みます。

②複数のキーワードの関係性を明らかにする場合

たとえば、文中に「主観的」と「客観的」というように関連しそうな単語が出てきたら、両方を囲みます。その上で、単語同士の関係性を明らかにします。

そして関係性を示す記号を使います。対立関係なら「↑　↓」、同義語なら「＝」、包括する概念なら「・」を使って箇条書きにするなどです。

並列の関係を示す場合は、番号を使います。最初に1、2、3・・・という数字、その中をさらに細かく並列させる場合は、(1)、(2)、(3)……、さらに細かい場合は①②③……という具合に振っていきます。

このように、読みながら単語や、単語同士の関係性を示す矢印や番号を記しておくと、後で説明する読書メモを作る際、そのままメモに書き抜くことができます。

記す箇所や重要度の判断は、直感的に行います。読書は流れが大事です。興に乗っている時に、書き込みでリズムやスピードを崩してしまうのは良くありません。あまり深く考えずに、どんどん記していきます。

また、気になった文章の端から端まですべてに線を引くのは手間がかかります。重要箇所の所在が明らかなら十分なので、記載箇所の行頭にレでチェックするだけでも十分です。

さらに、ポイントになりそうなフレーズやキーワードは、カギ括弧でくくっておきます。こうすることで、後で引用しやすくなり、記憶にも残りやすくなります。

このあたり、厳密なルールというより、**勝手に手が動いて、印をつけている感じです。大事なことは、ペンを片手に臨戦態勢で読むことです。**

◎難解な箇所ほど手を動かす

内容が難解な箇所は、理解できるまで慎重に、何度も読む必要があります。その際、文章を目で追うだけでなく、ペンでなぞりながら、丁寧に読んでいきます。

それでも理解できない時は、前出のように単語やキーワードを四角や丸、カギ括弧でくくり、それぞれの言葉相互の関係性、類似関係や対立関係、補完関係を整理しながら、じっくり考えます。カタカナ用語を日本語に置き換えるなど、自分に馴染みのある言葉に置き換えることで理解できることもあります。

さらに、ノートなどに図示して考えてみることもあります。単語、文章、段落を整理して、相互の関係性を等号や矢印などで示し、因果関係などを整理していきます。

そこまでしても解らなければ、読み飛ばします。本当に重要なら再び出てきますし、読んでいるうちに、自然にわかることもあります。

◎読みながら気づいたことは書き留める

読みながら、気づいたことや思いついたこと、反論したいこと、大いに賛同したこと、自分に当てはめてみたらどうなるかなど、頭の中に思い浮かんだ着想は、どんどん書き留めていきます。ただし、この場合も読書の流れを妨げない配慮が必要です。

なお、**ひらめいたことはすぐに書き記します。私は、ひらめきのきっかけになった文章の周辺にある余白にメモします。ポイントは、すべてを本の中、特に文章のそばに書き込**

むことです。すぐに書けますし、あとで見直した時、きっかけになった文章が同時に目に入るからです。こうすれば、後で読み返した時、当時の頭の動きが鮮明に蘇ります。

ワンポイント

マーキングで重要箇所を記し、難解な箇所を理解する

読んだら作る読書メモ

　読書でおすすめしたいことが、読書メモの作成です。本の内容を要約して、一覧できるようにＡ４一枚程度にまとめて書き出すのです。内容をより深く理解し、定着させるのに役立ちます。

　イメージは、授業での講師の板書です。授業では、ノートを取ると思います。一般的には、講師が話をしながら、要点をホワイトボードに板書してくれますので、それを書き写していきます。講師が板書をしてくれない場合は、自分で要点をまとめて書き記していくはずです。その際、キーワードやその解説、ポイントなどをメモしていきます。場合によっては図などを使って視覚的にまとめます。少なくとも、講師の話を、一言一句漏らさず、写経のように書き取ろうとする人はいないと思います。そんなことは無理ですし、意味がないからです。

ノートを取る理由は、学習効率が高まるからです。

学習効率が高まるのであれば、読書でもノートを取らない手はありません。読書を著者の講義と考えれば、ノートを取ることは不自然ではないと思います。これを私は読書メモと呼んでいるのです。

◎著者の主張は構造的に組み立てられている

そもそも、文章は、横書きなら「左から右、上から下」、縦書きなら「上から下、右から左」に書き進むという制約があります。読む側も、情報を一直線に、時系列に読み進めていきます。

しかし、著者の主張は、階層的に組み立てられているのが普通です。著者も頭の中では、自分の考えを階層として把握しています。ところが、文章には「左から右、上から下」「上から下、右から左」ルールがあるため、執筆時にはやむなく、そのルールに従っています。その分、考えが伝わりにくくなっています。

そこで、内容を著者の頭の中の状態に戻すのです。その時、役に立つのが読書メモです。

メモなら、階層的に図解することもできますし、必要なら自分の解釈や見解を加えることもできます。こうして理論の構造を把握することで、理解が一層深まります。記憶にも残りやすくなります。さらに、本について考えたり、人に話す際にも役立ちます。

◎読書メモはこう作る！　具体的な方法

作成の様式は自由です。私は、Ａ４の紙を一枚用意して横に置き、それをホワイトボードに見立てて書き出していきます。書籍の主要なポイントやキーワードを抽出し、各章やセクションの主要なアイデアやメッセージを抽出します。

その際、重要な引用を記録します。内容をすべて書き出すというよりは、自分にとって印象的だったものや重要と思うもの、影響力のありそうな箇所を引用して記録します。また内容を自分の言葉で表現しなおすこともあります。

なお、メモは簡潔に、できればＡ４一枚にまとめるようにしています。長すぎると作成に労力を要します。後で見直す際も一覧できたほうが便利です。作ればわかりますが、読書メモは簡潔に作るほど難しく、それが思考力の鍛錬にもなります。また、単なる著者の意見の要約にとどまるのでなく、自分の意見や考察も加えれば内容の理解が深まります。

なお、**読書メモは手書きをおすすめします。手書きのほうが早く、パソコンではかえって時間がかかるからです。**殴り書きでもいいですが、後で参照できる程度には丁寧に書くべきです。これらの点を踏まえて読書メモを作れば、読書の効果を最大化し、ビジネス書からの学びをより実践的に活用することができます。

◎本の余白に書きまくる

なお、読書メモは、本の裏表紙や扉の裏、さらには各章の扉の裏など、本の中の大きな余白に書くこともあります。1ページ分のスペースが確保できれば、内容を図示することもできます。私の場合、見開き1ページのスペースが確保できれば、本一冊分のエッセンスを図示することができます。

このスペースは、読み進めながら書き加えていけるので便利です。わざわざ別のノートを用意していたのでは、こうはいきません。

本の表紙は台紙がしっかりしていて、書き込むのに適しています。特に、電車や駅のホームなどで立っていて、机がない場合でも、問題なく書き込むことができます。また、別のノートを用意して書き込むと、ノートを紛失したり、どこに書いてあるのかを見失ったりします。その結果、活用し損ねます。その点、本に書き込んでしまえば、いつも本と一緒なので、見失うことがありませんし、読むたびに新たな気づきを書き加えたり、修正を加えたりすることもできます。

書籍にインスピレーションを受けた時には、この余白に、自分の文章の草稿を記入することもあります。たとえば、私は書評の草稿をこのスペースに書き込んでいます。さらに追加情報があれば、書き足していきます。たとえば、著者の講演会に行ったら、講演メモは著書に書き込みます。雑誌で著者のインタビューを読んだら、そのメモも書き足します。

本当に大事と思う箇所、もう一度読みたい箇所、誰かに伝えたいと思った箇所、著者に聞いてみたい箇所などがあったら、そこに印をつけます。

ワンポイント

読書メモで著者の主張を階層的に理解する

読書を習慣にする

本書では、読書を思考力向上の手段として推奨しています。まずは、始めることが大事ですが、それ以上に続けることがもっと重要です。何事も継続が力であり、読書も例外ではありません。

ただし、継続が難しいという意見も耳にします。特に、現時点で読書習慣がない人が、読書を継続するにはコツが要ります。始めたものの続かない、の繰り返しで失敗体験ばかり積み重なると、やがて始めることさえ億劫《おっくう》になってしまいます。それを防ぐには、始める前から、続く仕組みを作っておくことです。

続く仕組みとは習慣化です。読書を習慣にすることで自動化されます。たとえば、歯磨きは誰もが続ける習慣ですが、それは自動的に行われます。だから続くのです。読書も歯磨きのように習慣化すれば、着手に労力が不要なので継続しやすくなります。

人は、自分の行動に一貫性を持たせたがる傾向があります。一度習慣化されてしまえば、その行動を続けることが自己イメージと一致するようになり、継続しやすくなります。

◎読書を習慣にするコツ

とは言え、習慣化は容易ではありません。そこで、読書を習慣にするためのコツを紹介しておきます。

①小さな目標を設定する

習慣化するコツは、目標を持つことです。最初は小さな目標から始めます。小さな行動は始めやすく、その分、習慣化しやすくなるからです。小さい目標は達成も容易ですから、それがモチベーションを高めます。反対に、大きな目標は圧倒されやすいものです。たとえば、運動習慣をつけたい時、最初は毎日5分間程度の軽いストレッチから始めます。読書でも、最初は1日10分程度の読書時間を設定します。

②きっかけをつくる

習慣は、特定のきっかけで始動します。たとえば、朝のジョギングを習慣にしたければ、起きてすぐにトレーニングウエアに着替えるとか、ストレッチを始めるなど、具体的で小さな行動をきっかけにします。読書も、本を食卓や机、トイレなどにおいておき、時間になったら、とりあえず表紙を開く、一行だけ読むようにします。それをきっかけに、10分読むとか、1章読むといった、より大きな行動につながりやすくなるのです。

③環境を整える

環境は習慣形成に大きな影響を与えます。まず落ち着いた環境を用意します。たとえば、人が起きる前や寝静まった後のリビング、会社近くのカフェ、同僚が出社する前のオフィスなどです。静かな場所、快適な椅子、良い照明が読書を快適なものにします。その間、注意力を奪うデジタル機器は遠ざけてデジタルデトックスを実施して、読書に集中します。

④定期的な読書時間を設定する

できれば、毎日決まった時間に読書をする習慣をつけます。起きてすぐや、出社前、通勤時の電車の中や食後、寝る前など、すでに日課になっている行動の前後に設定すると効果的です。こうして読書を日常生活の一部にしてしまえば習慣化しやすくなるはずです。

⑤興味のあるジャンルを選ぶ

習慣化するまでは、自分の読みたい本を選びます。読書そのものが楽しみになります。そうして読書を習慣化してから、少しずつ不慣れな分野や未知の分野の本、少々難解な本などに手を広げていくのです。

⑥読書リストを作成する

読みたい本のリストを作っておきます。読み終えた本は、チェックして消し込むようにしていきます。そうすることで達成感を得ることができます。その結果、読書に対するモチベーションが高まります。

⑦人の力を借りる

読書は孤独になりがちです。孤独な活動は監視の目がないため続きにくいものです。それを防ぐには、読書クラブや読書会に参加します。最近はオンラインのものも増えています。人の目を利用できるだけでなく、読書が楽しい交流活動に変わります。仲間から新たな視点を得ることもできるはずです。

⑧報酬を使う

読書をしたら小さな報酬を与えることです。たとえば、読んだら間食していいとか、漫画を読んでもいいなどです。そうすることで、脳は読書という行動をポジティブなものとして認識し、再び行いたくなるようになるわけです。

⑨成功を見える化する

成功を見える化することで、習慣を継続するモチベーションを高めることができます。

たとえば、読書をした日は、カレンダーやスケジュール帳に○をつけるなどの方法です。簡単ですが極めて効果があります。

なお、読書を習慣化する際、無理に続けないことです。読書は楽しみであり、つまらない本や、興味を失った本は無理に読み続けるのを止めて他の本に切り替えます。また、柔軟性を持つことです。たとえ、読めない日があっても、自分を責める必要はありません。日々事情があるものです。状況に応じて臨機応変に対応する柔軟性が必要です。やめてしまっては元も子もありません。読めなかった日のことは反省したら、次の日に再開するだけです。大事なことは、自分のペースを見つけて、無理なく継続することです。

ワンポイント

読書を継続するために「習慣」にする

読書を有意義な活動にする工夫

読書を有意義な時間にするには、環境を整えることです。読書環境は、読書体験に大きく影響を与えるからです。また、習慣を形成する上でも大きな影響があります。

◎読書をする場所を考える

まず、読書のための落ち着いた環境を確保します。静かな場所、快適な椅子、良い照明が読書体験を向上させます。また、誘惑を減らす環境を整えることも重要です。読書の間は、パソコンやスマホなど注意力を奪うデジタル機器も遠ざけて、集中力を高めます。以下に、読書に最適な場所のいくつかを紹介します。

①自宅の静かな場所

自宅で読書することは、最も一般的で便利な選択肢です。特に、書斎など快適な読書スペースを作ることが大切です。ソファやリクライナー、ベッドの隣のスペースに読書用のライトを設置するなど、快適な読書のための環境を整えます。

②公園や自然の中

自然の中で読書することはリラックス効果を高めます。天気の良い日に公園のベンチや木陰で読書することは心地良い体験です。自宅の庭やベランダを活用するのも良いと思います。新鮮な空気と静かな環境は、集中力を高め、読書をより楽しい活動にしてくれます。

③図書館

図書館は、静かで集中しやすい理想的な読書環境です。また、様々な本に囲まれることで新しい本との出合いもあります。周囲の人も本を読んでいますので刺激にもなります。図書館は、読書に没頭できる最高の環境を提供してくれるのです。

④カフェ

音楽やコーヒーの香りが読書を豊かにします。話し声など適度な雑音はかえって集中力を高めます。カフェは、職場でも自宅でもない第三の場所として環境を整えてくれています。ただし、混雑時は避け、朝や夜間、休日の午前など静かな時間帯を選ぶことが必要です。

⑤移動中

通勤や通学、外出や出張など、移動中の時間を利用するのも良い方法です。毎日電車やバス、タクシーの中で読書をすることで、移動時間を有効に活用することができます。日々必ず要する時間ですので日課にしやすく、スマホ以外の誘惑がないので集中力が高まります。

ここで紹介した場所は、読書に集中するために最適な環境になりえます。ポイントは、読書に集中できること、リラックスできる場所であることです。そんな場所が見つかれば、自分の財産になります。

ただし、あまりにも快適過ぎる環境では、睡魔に襲われます。コーヒーやガム、ストレッチなど睡魔回避の工夫も準備しておけば盤石です。

◎本は、いつ読むべきか

読書を有意義な時間にする上で、いつ読むかも重要です。毎日決まった時間に読書をすれば、読書が日常生活の一部となり、習慣として定着しやすくなります。そのためには、自分にとって読書に最適な時間を見つけることです。以下に、読書のための最適なタイミングのいくつかを提案します。

①朝の時間

朝は、特に集中力が高い時間帯です。どんなに多忙でも、早起きさえすれば比較的確保しやすい時間帯です。一日の始まりに読書をすれば達成感とともに一日をスタートできます。短い時間でも、朝の読書は一日を有意義にする良い習慣になります。

②通勤・通学時間

移動時間を活用することは、読書習慣を作るのに効果的です。電車やバスの中での読書は、その時間を有意義に使う良い方法です。混雑がひどいなら、とりあえずオーディオブックを読書の代わりとすることもできます。

③休憩時間

昼休みやコーヒーブレイクなどの短い休憩時間に読書をすると、気分転換になります。たとえ短い時間でも、日常から離れて書籍の世界に浸ることは、心のリフレッシュにつながります。

④就寝前

夜は一日の締めくくりとして読書をするのに最適な時間です。ベッドでの読書は、睡眠前のリラックスタイムとして効果的です。ただし、思考訓練としての読書は脳を使い、脳を興奮させてしまいます。睡眠の妨げになることもあるので注意が必要です。

⑤週末や休日

週末や休日は、長い時間を読書に費やすことができます。ゆっくりとしたペースで読書を楽しむことで、深い理解や没入感を得ることができます。

読書をする場所や時間は、自分のライフスタイルや好みで決めることです。大切なことは、読書を暮らしに組み込むこと、そして習慣にすることです。読書の時間を確保し、その時間を大切にすれば、読書は単なる脳トレでなく、充実した暮らしの一部になるはずです。

ワンポイント

読書を有意義な活動にするには、「読む場所と時間」が決め手

第3章

頭が良くなる本はこう選ぶ

何を読めば頭が良くなるのか

これまで繰り返してきたように、ＡＩ時代に読書をする目的は脳トレです。そのためには、多様な本を読むべきです。これまで書いたことと変わりませんが、強《し》いて選ぶならＡＩ時代に求められる能力を磨ける本を中心に読みたいものです。すなわち、創造性を育む本、人間性を磨く本、経営者の思考法を身につける上で役立つ本です。そうした本は、ビジネス書の中にもたくさんあります。本書の第5章でも紹介しています。こうしたジャンルを中心にして、多様な本をバランスよく読むことで、創造力を育み、人間関係を理解し、経営的な思考力を養うことができます。

反対に、特定のビジネススキルのノウハウを扱うマニュアルや教科書、ガイドブックのような本は、情報がネットに溢れていますし、作業の多くをＡＩが代行するようになるため、次第に読まれなくなる可能性があります。

◎脳トレだから、あえて負荷をかける

上記の能力を鍛えることを意識しつつ、幅広い書籍の中から本を選ぶことが脳トレになると思います。むしろ、脳に負荷をかけることを意識して、あえて専門外の本を読むことが必要かもしれません。

実際、いわゆる成功者と呼ばれる人たちは読書家ですが、専門分野に限らず、多様で広範な分野の本を読んでいます。

読書というと、つい仕事に直結したものを読みがちです。せっかく読むのだから役立てたいし、手っ取り早く役立てるには明日の仕事に使えるものを読もうと思うからです。もちろん、こうした本を読むことはある程度必要でしょうが、その目的が仕事の答えを安易に求めることでは脳トレになりません。

ＡＩ時代には独自の思考や自分ならではの発想が求められます。それは、まだ本にないものであるはずです。これこそがＡＩが答えにくい答えであり、そういう答えを導き出せることこそが、当面ＡＩ時代に人間が求められる力だからです。

しかしながら、現実には本には大概の答えが書いてあります。はじめは自分で考えるつ

もりで読み始めても、答えが見つかれば、あえて考えようとはしなくなるものです。少なくとも本に書いてあることに引っ張られます。その結果、答えは手に入っても、独自の発想や脳トレの機会は逃してしまいます。たとえるなら、学力をつけようと問題集を手にしながら、先に模範解答を読んで満足するようなものです。これでは、答えは手に入っても、学力はつきません。

◎自分の頭で考えるからうまくいく

私も、新しい仕事、たとえば未知の業界のコンサルティング、執筆、講演などに着手する際は、本を入手することにしています。でも、最初は読まないようにしています。まずは自分で考え、一度自分なりの答えを出した上で、答え合わせのために参考文献を読んでいます。未知の分野なので、自分の答えは見当違いの間違いだらけということも少なくありません。それは謙虚に修正しますし、間違えれば悔しいので、次は間違えまいと必死で理解します。だから定着します。時には、素人だからこその斬新な発想を得ることもあります。そういう発想は、自分のオリジナルなものとして大事にします。

たとえば、私は独立当初、起業のコンサルティングをしようと独立しました。しかし、起業家向けのコンサルタントは、業界では成り立たないと言われていました。起業する前は収入がないため、コンサルタントに多額の報酬が払えないからです。独立開業の本を読んでも、その方法は書いてありませんでした。しかし、私は異業種からの参入であったため、そのあたりの常識がありませんでした。そして、学習塾や水泳教室が成り立っているのだから起業の学校も成り立つはずだと考えました。そして「会費制、メールで質問し放題」という方法で始めました。報酬を一人から多くいただく代わりに、大勢から少しずついただくことにしたのです。このビジネスは結果的に20年以上にわたりキャッシュを生み続けました。今では、こうした方式はオンラインサロンなどで当たり前になっていますが、当時は前例がなく競合もいませんでした。**本に書いてあることでなく、自分の頭で考えて得た発想だからこそうまくいったのです。**

◎あえてビジネスと無関係の本を読む

このように、別の業界から着想を得ることは、いくらでもあるものです。同じ理由で、

ビジネスで斬新な発想を得るために、あえて仕事とはまったく関係ない本を読んでみることをおすすめします。たとえば、歴史書や小説などを読んだら、そこで得た学びを自分の仕事に役立てられないか考えるのです。

まったく関係のないものからでも学べるようになると、学びの速度が加速します。学びの機会が格段に増えるからです。私は、仕事の関係で、自社でセミナーを主催することが少なくありません。セミナーの受講者には、必ずアンケートを書いてもらいますが、受講者から「役立たなかった」というフィードバックを得ることもあります。その理由を読むと「経営者の話だから、一般社員の自分には役立たない」とか「アメリカ人の講演だから、日本と事情が違い過ぎて役立たない」ということが書いてあります。

しかし、学び上手はそういうことは書きません。彼らは、経営者の自伝であろうと、海外の事例であろうと、何なら歴史書であろうと、自然科学の本であろうと、小説であろうと何かしら学び、自分に役立てようとします。転んでもただでは起きないのです。それには工夫も必要ですから、脳に負荷がかかります。

自分にすぐに役立つ情報だけを吸収するのでは、離乳食しか食べれない赤ん坊と同じです。大人なら、どんな情報も自分流に調理して、自分の栄養に変える工夫をしたいものです。そのほうが楽しいし、脳も鍛えられると思います。

ワンポイント

あえて仕事と関係ない本で、脳に負荷をかける

良書に出合える選書眼を養う

どんな情報からも学びを得るべきとは思いますが、読書の効果を高めるなら、できれば良書と出合いたいものです。読書は時間を要しますから、ここで失敗すると、何よりも大切な時間という資産をドブに捨てることになります。

ところが、本には、すさまじい種類があります。本の洪水の中から、限られた時間の中で良書を発掘することは至難の業《わざ》です。加えて、現代人は多忙です。忙しいから本を選ぶ時間もなかなかとれません。そこで、効率的に良書を選ぶ、選球眼ならぬ選書眼が必要になります。

◎本の洪水から、良書を抜き出すテクニック

本選びで大事なことは「何のために本を読むのか」読書の目的を明確にしておくことです。本書では、一貫して思考力を鍛えるために読むことを推奨しています。これを明確にした上で、はじめて書店に足を運びます。

しかし、書店は本で溢れています。いくら目的を明確にしておいても、本の洪水の中から、限られた時間で、自分の目的にピッタリの本を発掘することは至難の業です。しかも、読まなければ中身が判断できないのが書籍です。瞬時に内容を見分けるのは容易ではありません。しかし、読書が有益なものになるか、お金と時間の無駄遣いになるかの分かれ道が本選びですので工夫が必要です。

「パラパラと中身を見れば、だいたい分かる」という意見もあります。でも、本の洪水を目の当たりにした時、そもそも「どの本を手に取るか」が大問題になります。

私は「どの本を手に取るか」を決める際には、以下の順番でチェックしていきます。

①タイトル（サブタイトル）
②著者
③出版社
④表紙のデザイン

⑤その他

①タイトル(サブタイトル)

まず、タイトル、サブタイトルです。「どんな分野について書かれた本か」の目安にします。これから読む人に本の中身を的確に伝えたいと考えるのは、著者も同じです。せっかく書いた本ですから、読んだ方に満足してもらいたいと思うのは当然です。その点、タイトル、サブタイトルは、中身を的確に伝えることができる最も有効な手段です。だから、著者と出版社が練りに練ってつけています。

ただし、タイトルを過信するのは禁物です。有効な箇所だけに、売るために付けられた単なる〝キャッチコピー〟に利用されることが少なくないからです。中には意図的に売れそうなタイトルをつけた羊頭狗肉《ようとうくにく》のような本もあります。注意が必要です。「売らんかな」精神丸出しのもの、極端に奇をてらったもの、あまりにも買い手に媚《こ》びたタイトルの本は避けたほうが無難です。いずれにしろ、タイトルだけを100%信用することは危険です。どうしても他の要素も吟味《ぎんみ》する必要がでてきます。

②著者

次に著者名に着目します。自分が得ようとする知識の世界で第一人者とされている人が出した本なら、必ず手に取ります。かつて読んだことのある著者なら、ある程度判断できると思います。ただし、著名な著者ほど、次々著書を出します。読んでみたら「焼き直しだった」「監修だけだった」ということもあります。その点は、本を手に取ってからチェックする必要があります。

③出版社

出版社にも注目します。出版社ごとに取り扱う書籍のカラーは大きく異なるからです。堅い本が多い、訳書が多い、新人の発掘がうまい、などです。慣れてくれば出版社ごとに、どんな傾向があるかが大体見えてきます。自分の気に入った出版社が見つかれば、本選びは格段に早くなります。

④表紙のデザイン

書店で本を手にするかどうかの決め手になるのは、表紙のデザインです。人は言葉よりも映像やビジュアルから得る情報が圧倒的に多いため、表紙のデザインいかんで、本は売れたり売れなかったりします。オンライン書店で買う人が増えたため、表紙で勝負する出版社も増えています。売上の決め手になる表紙のデザインには、売るしかけが満載です。ただし、タイトルの工夫と違ってお金がかかりますから、表紙に力の入った本は、少なくとも出版社一押しの本と考えて間違いないと思います。

⑤その他

検討に際しては、本の体裁（装丁）も判断材料です。書籍の体裁は色々です。表紙の形状一つとっても、ハードカバーもソフトカバーもあります。形状やサイズも、普通は長方形ですが、正方形や台形など、あえて長方形でない形状の本も散見されます。サイズも、一般的な四六判から、新書や文庫本のように小さいもの、ムックのように大判のものもあります。特殊な体裁の本を出すことは、出版社としては勇気がいります。書店に並べてもらえない可能性もありますし、お金も手間もかかります。そんな中、あえて特殊なことをやるのは、著者や編集者の思い入れや気合いの証です。つい手にとってしまいます。

もちろん、書籍は中身が最も大切で、デザインや体裁は中身にはそれほど関係がありません。しかし、書籍の洪水の中から手に取れる本はごく一部です。そんな制約条件の中で、選定の第一段階の基準として、デザインや体裁を気にするのは効果的だと思います。

ワンポイント

良書に出合える選書眼を養って、効率よく本を選ぶ

「はじめに」と「目次」にエッセンスが詰まっている

手にする本が決まったら、次に、その本を手にして自分の目で中身をチェックします。とはいえ、書店の店頭で頭から読みはじめるわけにはいきません。そこで、まず「はじめに」をチェックします。本によっては「プロローグ」とか、「序章」とかいう表現になっています。いずれにしても「目次」の前など、巻頭に書かれている短めの文章です。この「はじめに」は、一般に考えられているより、ずっと大切です。著者の書籍にかける想いや、書籍のエッセンス、対象読者などに関する情報が詰まっているからです。本の中身を知るための重要な手がかりになるのです。

◎「はじめに」で著者の狙いを知る

「はじめに」は、本の内容を判別する上で便利です。読者の中にも、書籍の選定の参考にしている人が少なくないはずです。

「はじめに」では、主に次の項目をチェックします。

①著者のねらい

著者がどういう意図で書いたのか、すなわち執筆目的を調べます。多くの著者は「はじめに」の中で、自分が本を書いた経緯や書いた目的を明言します。著者が執筆した目的と、あなたが読書をする目的が合致しているようなら、その本は買いと言えます。

②各章のエッセンス

「はじめに」の部分に、章ごとのエッセンスが2〜3行書かれていることがあります。たとえば「第1章には、本書を書くにいたった経緯や問題提起を、第2章には……」という具合です。このエッセンスを見て、自分の読書目的と合致しているなら合格です。また、冒頭にエッセンスを打ち出すような著者は、読者の視点に立てる人であり、サービス精神旺盛な人です。そのような本は、書籍の内容全般がわかりやすく書かれているものです。有力な購入動機にして良いと思います。

③対象読者は誰か？

「この本は誰に向けて書いたのか」すなわち対象読者を確認します。良書は、この対象読者の設定が明確です。たとえば「経済を学び始めたばかりの人に」とか「投資に興味がある人に」などという具合です。具体的に明示していなくても、良書なら対象読者を特定できるはずです。文脈の中で「これこそ私のために書かれた本だ」「これは違うな」と感じさせてくれるものです。反対にこのあたりがあいまいだったり、不明確だったりする本は、著者自身が、読者をイメージせずに書き進めている可能性があります。また「誰にでも役立つ」「参考になる」といった八方美人のようなことを言う本もお薦めできません。売る気ばかりが先行している本で、やはり読者のことを考えていないからです。

◎目次は、著者の頭の中身

中身を見ていく前にもう一つ役立てたいのが「目次」です。本の読み方のところでも説明した通り、目次は本の全体を俯瞰するのにピッタリです。目次には、各章の「タイトル」と「見出し」が書いてあり、これに目を通せば、本の論旨と構成、おおまかな内容が大体分かるからです。しかも、目を通すのに必要な時間は1分くらいです。

目次が、全体を俯瞰する上で優れているのには理由があります。目次は、著書に関する著者の頭の中身のロードマップ、地図になっているからです。意外かも知れませんが、著書を書く時、著者が最初に手がけるのが目次です。何か書きたいテーマ、アイデアが浮かんだとき、最初に、全体の構成をＡ４の紙二枚くらいに箇条書きしています。

出版社の編集担当者との打ち合せも、この目次の案をたたき台に行われるのが普通です。出版社の編集会議に提出される企画書にも、目次が添付されています。

著者は、その目次を元に原稿を書き進めます。著者にとっても、目次は地図のようなものです。数百ページに渡る原稿を、数日から数カ月かけて書くのですから、地図がなければ、書いているうちに道に迷ってしまいます。そんな時、ゴールに導いてくれるのが、この目次です。

言いかえれば、執筆作業とは、目次という骨組みに文章で肉付けをしていく作業なのです。読者としても、書籍選びや読む際に役立てない手はないと思います。

このように、目次とは、書籍の構造であり、著者の頭の中の骨格、フレームワークを数ページで書きだしたものです。全体をシンプルに、体系的に、だからこそ雄弁に語ってくれます。読み手としては、読む際にはもちろん、書籍選定の判断材料に使わない手はないのです。

ワンポイント

「はじめに」と「目次」で、本の概要をつかむ

本の中身をブラウジングする

「はじめに」と、目次に目を通して「面白そう」「読んでみたい」と感じたら、目次で気になった章の数ページをパラパラと読んでみます。インターネットの世界でいうブラウジング（拾い読み）です。ポイントは、第一章か第二章から目を通すことです。一般に、著者の言いたいことは、「はじめに」か、最初の数章に凝縮されています。だから、このあたりをさらりと読めば、中身がだいたいわかるのがふつうです。

書籍は、数百ページにわたる分厚い体裁ですが、書き手としてイイタイコトは、たった一言に集約されるのがふつうです。そして、それは冒頭に記述されているのが普通です。ただ、それでは本として成り立ちませんから、主張を裏付けたり、強化したりするための具体的な事例やエピソードや実践方法などを付け加えていきます。

私は、多くの著者と親しくさせていただいていますが、会話の中で本の書き方について話題になることもあります。そこで皆さん一様におっしゃるのが「イイタイコトは、先に書く」ということです。たしかに、全部読んで、ようやく「イイタイコト」がわかるような本では買ってもらえません。イイタイコトやキモの部分は「つかみ」にあたる「はじめに」や第一章、せいぜい第二章までに書くという人がほとんどです。もちろん例外もあります。それでも、音楽のイントロも省略されるタイパ時代です。この傾向はますます強くなると思います。

第一章や第二章を読んでみて面白いと感じるなら、買う候補に入れます。反対に、その部分すら「くだらない」と思うなら、全編くだらない可能性が高いので、買わずに書棚に戻し、他の本をあたるのが賢明です。

なお、第一章や第二章のナナメ読みは時間のない時の読書法としてもおすすめです。この部分で著者の主張をつかんだら、あとは気になる章を拾い読みしておけば、著者の主張はおおむねつかめるからです。

なお、訳書に多いのですが、章ごとに「まとめ」が付けてある、親切な本もあります。こういう本は、その箇所さえ読めば、内容を把握することができます。そこを読んで書籍の選定ができますし、忙しければそこだけ読めば骨子がわかってしまいます。すべて読むつもりでも、この部分から読むようにすると、全体像を把握でき、読みながら混乱することが避けられます。

◎著者の本音がにじみ出る「あとがき」も要チェック

「目次」「はじめに」、そして本文のうち「第一章〜第二章」を、ざっとチェックしたら、最後に「あとがき」をさらっと読んでみます。「あとがき」には、著者の本音が出やすいからです。この「あとがき」は、編集者も著者に一任している場合がほとんどです。

書くかどうかの判断も、著者の自由という場合が少なくありません。おそらく「あとがき」はあまり読まれないからでしょう。そんな「あとがき」ですが、もし書いてあるなら要チェックです。**なぜなら、本文の出来具合を見抜く、重要なヒントが隠れている場合があるからです**。著者は、自由度と、執筆を終えた開放感とから、本音を出しやすいのです。ふつうは、執筆の苦労話を披露したり、周囲の人や家族に対する感謝の言葉を書き添えます。これはこれで著者の人となりが現れて、読む価値ありです。

◎文字量チェックで読むに値するか判断する

本文をブラウジングする際に、内容以外にチェックしたいことがあります。それは、文字量です。あまりにも文章が多い本は、読み慣れていない人や忙しい人には読破がきついので要注意です。問題は、文字の少ない本です。最近は、文字を読むのが苦手な人が増えており、本離れが進んでいます。そういう人にも読んでもらう意図で、文章を減らした本も増えています。すごく薄い本や、やたらと改行の多い本、行間の広い本も増えています。

このような本は、読書習慣がある人からすると物足りないと思います。

読み手の読みやすさに配慮して、あえて文字を少なくしている場合はいいですが、中には著者の筆力不足で、文章が書けなかったという可能性も疑えます。このような本は論外です。なお、文字量を大きく左右するものに、図版の有無があります。図版とは、表やグラフなどの統計資料、関連機関の連絡先、ＵＲＬ集、読者に内容をわかりやすくするためのイラストなどです。

思考力の鍛錬の目的で本を選ぶなら、図版は添え物です。授業で言えば、講師の話が文字、板書や配付資料が図版にあたります。図版ばかりの本は、講演会に行って、講師の話を聴かず、配付資料だけもらって帰るようなもので、読み応えがありません。
ただし、書き手の中には、文章はイマイチだが、図説はピカイチという人もいます。そういう人が書いた本は、自分の図解の資料と割り切れば購入する価値はあります。ただし、思考力の鍛錬のための書籍としては、避けたほうが良さそうです。

書店では、このようなチェック項目を意識しながら書籍のブラウジングをしていきます。その過程で自分の判断基準を通過した本が購入決定となります。あとはレジに足を運びます。

以上、本を選ぶ際のポイントを紹介しました。こうした手法を駆使すれば短期間に、確実に良書に出合える確率が上がると思います。
あとは、数をこなしていくことです。その過程で、自分なりの選書マイルールも追加されていくはずです。ここであげた方法を参考に、自分の時間とお金を捧げるに値する本かどうかを慎重に見極めるうちに、自分なりの選書眼が身につくはずです。そうなれば、お気に入りの一冊に出合う確度は格段に高くなるはずです。

ワンポイント

最初の数章と「あとがき」、文字量で読む本を最終判断する

本はどこで選ぶべきか

書籍選びでは、オンライン書店を利用する人が多いと思います。オンライン書店で本を選ぶことには多くの利点があります。

まず、オンライン書店は大規模な在庫を持っています。そのため、幅広いジャンルや著者の本を一度に検索することができます。これにより、特定の本だけでなく、多様な選択肢から自分の好みに合った本を見つけることができます。

近所に書店がない、時間がないなど、オンライン書店で購入せざるを得ない場合もあるはずです。特に、地方の遠隔地に住んでいて、近所に書店がない人にとって、オンライン書店は救世主です。以前は、地方の方が東京に来ると、空いた時間には必ず書店に顔を出していたものです。最近は、そういう人はいなくなり、地方の方と情報格差を感じなくなりました。それは、オンライン書店の貢献が大きいと思います。また、忙しくてどうしても書店に足を運べないという方もいます。そうした理由で書店に行けない方は、必然的に選書の段階からオンライン書店だのみになります。

◎オンライン書店のレビューや評価を活用する

オンライン書店はレビューや評価が参照できるのも魅力です。これにより他の人々の意見を参考にしながら、購入するかどうかを判断することができます。

書籍はタイトルや表紙、帯のコピーと中身が乖離《かいり》していることが少なくありません。それをレビューで確認します。かつては著者が自著を売るために知人や自分のファンを動員して礼賛させる、いわゆる「やらせ」も横行していました。しかし、最近はサイトのチェックが厳しく、信憑《しんぴょう》性が高くなっています。それでも、チェック体制が甘かった数年前に発刊された本や、あまりにも評価の高い本は要注意です。その場合、最近のレビューを中心に読む、ネガティブなコメントも読むなどの工夫をします。また、レビューは評価の内容だけでなく、数も重要な指標になります。レビューの数が多い本は売れている本ですから、内容も良い傾向があります。

なお、オンライン書店では電子書籍も選べます。電子書籍には、持ち運びや所蔵が容易、検索しやすいなどのメリットがあります。いっぽうで全体が俯瞰しにくい、書き込みがしにくいなどのデメリットもあります。この点を勘案して読み分ければいいと思います。ただし、本書で紹介する読み方にはそぐわないため、ここでは特にすすめません。

◎時にはリアル書店にも出かける

オンライン書店で本を選ぶ時代ですが、時にはリアル書店に出向くことをお奨めします。出合いや発見が期待できるからです。反対に、すでに買う本が決まっているなら、オンライン書店が効率的です。探す手間も、持って帰る手間も省けます。

最近、オンライン書店がすっかり生活に定着しました。本はオンライン書店ですべて買い揃えるため、書店には出かけなくなったという人が少なくないと思います。それでも、時々は書店には出かけることをお奨めします。地方在住で、周りに書店がない人も、大都市に出かけたら、ぜひ書店に足を運んで欲しいと思います。

理由は、**書店には「出合い」と「発見」があるからです**。ふらりと入った店で、たまたま出合った本が、お気に入りの一冊になったという経験は、誰にでもあると思います。**オンライン書店は一覧性がないため、書店ほど出合いが期待できません。また、書店には、時代を読む手がかりが満載です。**「今どんな本が読まれているのか」「どんな著者が売れているのか」などを俯瞰することができます。「店頭やレジの側に配置されている」「POPが添えられているか」「平積みになっている」など、配置や売り方も売れ行きのヒントになります。本は、時代を映す鏡なのです。本の売れ行きを知ることは、時代を読むのと同じことです。それを全身で体感できるところが書店の魅力です。

◎書店なら手に取れる

何より、書店では中身を吟味した上で買うことができます。本を実際に手に取り、試し読みできることが最大の魅力です。これにより、著者のスタイルや内容を確認すれば、自分の好みに合った本を選ぶことができます。

また、**本の手触りが右脳を刺激します。書店で本を手に取ることで直感的な選択ができます。**本を手にとり、目で見て感じることができます。本の装丁や紙の質、文字の大きさなど、本の物理的な特徴を確認することができます。これこそオンラインでは得られない体験です。

また、書店には様々なジャンルやテーマの本が一堂に揃っています。予想外の発見があることが少なくありません。新しいジャンルに挑戦することもできます。これにより、知識の幅を広げることができます。

そもそも、書店には特有の雰囲気があり、そこで本を選ぶこと自体が楽しい体験となります。イベントや読書会を開催していることもあり、そうした活動に参加すれば、他の読者との交流や新しい視点を得ることができます。さらに、地元の書店では、地元の作家や特有のテーマに焦点を当てた本が豊富に揃っていることがあります。

書店に出向くことは、本を選ぶだけでなく、読書をより豊かな経験にする手段となります。オンラインでの購入とはまったく異なる魅力があり、本を探し求める喜びや発見が書店で得られることもあります。

大事なことは、オンライン書店とリアル書店を上手に使い分けることです。**私は、書店は投網、オンライン書店は一本釣りと思っています。つまり、買う本が決まっていない場合は書店に行き、決まっている場合はオンライン書店を活用しています。**

ワンポイント

リアル書店は投網で、オンライン書店は一本釣り。使い分ける

電子書籍を考える

電子書籍は便利です。内容がデバイスに直接ダウンロードされるので、持ち運びが便利です。複数の本を一つのデバイスで携帯でき、どこからでもアクセスできます。だから、どこでも読むことができます。また、インターネット経由で購入し、即座にダウンロードできます。そのため、読みたい本を待ち時間なく読み始めることができます。支払いが発生することを抜きにすれば、オンライン書店そのものが、自分の書棚のようなものなのです。

意外な利点は、画面自体が光るために照明の暗いところでも読める点です。たとえば、飛行機の中などで夜間に読む際に重宝します。また、本棚や収納スペースを必要としないため、スペースの節約が可能です。場所を取らないから、読み終わった本も処分が不要です。本は、処分してから読みたくなるのが常です。私はそういう時は、改めて同じ本を買い直したりしています。これも電子書籍であれば、所蔵が無限にできるのでそういうことは起き得ません。検索もできますから、本が行方不明になることもありません。

それどころか、中身を検索することもできますから、特定の単語やフレーズを素早く見つけることができます。注釈をつけたり、単語を辞書で調べたりすることも容易です。さらに、表示をカスタマイズすることも可能でフォントサイズや背景色、文字の色などを調整できるため、視力や照明の状況に合わせて快適に読書することもできます。

◎電子書籍では物理的な本の魅力が味わえない

ただし、デメリットもあります。たとえば、目の疲労と睡眠への影響があります。電子書籍を読むことで画面を見つめることが増え、目の疲労や睡眠の質への悪影響が懸念されます。また、電子機器での閲覧が前提なので、電子機器の依存度が増し、デジタルデバイスの過剰な使用として問題となることもあります。雑誌などでは著作権保護のためにデジタル権利管理が施され、所有権や共有が紙の本よりも限定されることもあります。

それ以上に、**物理的な本の魅力が欠けています。書店で本を手に取る、紙の質感や香りを感じながら読むといった物理的な本の魅力が味わえません。**

たとえば、紙の本を読む時には、残りのページ数を手触りで感じながら読むことができます。これが読み進めるモチベーションを高めます。しかし、電子書籍ではそうした体感ができません。これらのメリットとデメリットを考慮して、個々の読書習慣や好みに合った形式を選択することが重要です。

◎電子書籍は思考に向かない

なお、電子書籍は、思考には向かないと思います。理由はいくつかありますが、まず、紙の本では物理的なページめくりや書き込みなど、対話的な要素が豊富です。しかし、電子書籍では、これらの要素が制約されてしまいます。そのため、読書体験が単一方向の情報摂取になりがちです。

また、紙の本には特有の香りや触感があり、これが読書体験に深みを与えます。電子書籍ではこれらの要素がないため、読書の魅力が減少してしまいます。

さらに、電子書籍は複数の本や情報に容易にアクセスできるため、一つの本に深く没頭することが難しくなります。読書体験が断片化してしまい、注意散漫になる可能性があるのです。

こうしたことから、少なくとも私は電子書籍では十分な思考ができません。ここまで解説してきた通り、難しい本ほど五感を使って理解しているからです。目で読むだけでなく、手を動かして、書き込んだり、折ったりして読むことで理解を深めています。しかし、電子書籍にはそれらすべてができません。

また、電子書籍を読む際は、画面を見つめることが必要で、長時間の画面閲覧が目の疲労を引き起こします。それが思考力や集中力の低下につながるように思います。

◎電子書籍は積読になりやすい

電子書籍は、積読《つんどく》になりやすいとも感じています。入手が容易であるため、買ったことに対する思い入れが少なく、買ったことさえ忘れがちです。本が、データとして記憶されているため、物理的に目につかない場所にあることも理由の一つだと思います。特に、難しい本ほど、読みはじめるハードルが高いものです。電子書籍の場合、目につかないために余計に意識の外に行きがちです。

そもそも、**本にアクセスするのは紙の本のほうが速いと思います**。電子書籍も電源を入れるだけではありますが、それだけでもちょっとしたハードルになります。

また、私は知人や社員、子供たちに気に入った本をプレゼントすることが少なくありません。本を渡しながらちょっとした会話のきっかけにしています。しかし、**電子書籍は、人に貸したり、あげたりもできません**。

だから、私は電子書籍と紙の書籍も使い分けています。**高度な思考が必要な難しい本ほど、あえて紙の本を読んでいます**。小説や漫画など、読みやすい本、娯楽が目的の本は電子書籍で済ましています。

この辺りは、あくまでも個人の好みや読書環境次第ですので、ご自身で判断されればいいと思います。ただし、本書で紹介した手法の多くは紙の書籍を想定しております。その点はご了承いただきたいと思います。

ワンポイント

電子書籍は、思考には向かない。難しい本は紙で読む

他者の評価とはこう付き合う

オンライン書店のメリットとして、特に大きいのが新着情報とランキング、そしてレビューです。本は、読んでみないことにはその内容を知りえません。ましてオンライン書店では、立ち読みさえほとんどできません。その時、書評やレビューは大きな手掛かりになります。

ただし、その活用には注意も必要です。たとえば、ランキングに関して言えば、著者による更新頻度を利用したランキング操作があります。これを見抜くには、リアルの書店が発表しているランキングも参考にします。最近は、書店のランキングもネットで閲覧することができます。検索エンジンで「ビジネス書　ベストセラー」などで検索すれば大手書店のランキングが複数出てきます。

◎オンライン書店のレビューには注意が必要

前述の通り、オンライン書店では読者の感想がレビューとして公開されています。利害関係のない第三者の口コミ情報ですから、書籍の選定にあたっては、大変有益な情報になりえます。

とは言え、中には著者や著者の会社の社員、著者の熱狂的な信者によるもの、自作自演ややらせもあります。最近は、オンライン書店の側でも、そうした不正なレビューが横行しない工夫もしています。しかし、抜け道もあるようです。特に、出版当初は、出版社も著者も販売意欲が強く、書評もやらせの可能性が高くなります。裏を返せば、**出版からしばらく経ってから書き込まれた書評は、おおむね読者の本音を反映した正確なものである可能性が高いということです。**

では、悪いレビューなら鵜呑みにできるかというと、そう単純でもありません。ライバル出版社や、著者の会社の競合他社などからの嫌がらせがあるからです。アマゾンなどは、評価者の格付けも載っています。高い格付けの評価者の書評だけを信じるという手もあります。ただし、彼らはあまり悪い評価はしないものです。

また、アマゾンなどでは、中身の一部が読める工夫もしています。これを利用して、買う前に必ず目次などをチェックするべきです。

いずれにしても、オンライン書店の情報は、実物を見ることができず、限られています。それを補うのが書評サイトです。私の出しているような書評メルマガが重宝されているのもそのためです。

◎ベストセラーとの付き合い方

本を手に取るかどうかの判断材料としては、その本の売れ行きも気になるところです。少し大きな書店では「ランキング」と称して週単位の売れ筋ランキングをジャンルごとに貼りだしています。

私は、ランキング上位の本については「一応、手には取ってみるが、買うかどうかは別問題」というスタンスです。ランキング上位に入る以上、一定の条件はクリアしている可能性が高いからです。

残念ながら、年間数万タイトルも発刊される本の中には「何でこんなものが本に？」というひどい物もありますが、そういう本は、どんなに優れたマーケッターでも、ベストセラーにはできません。売れている本を優先してチェックしていれば、駄本との出合いの確率を引き下げることができます。

さらに、**売れるには、必ず何か理由があるはずです。「こんな本が売れるのか。なぜだろう」と考えれば、時代の空気を読む手がかりを得ることができます。**だから、手に取ってみるのです。

ただし、買うかどうかは別問題です。理由はいろいろありますが、一番大きいのは、売れているのが、その書店だけの話なのか、それとも全国的な現象なのか判別がつかないからです。

売れ筋は、書店によってかなり違います。理由は、いろいろ考えられます。客層とか、同じお客さんでも、生活シーンのどこに位置しているのかも影響してきます。職場の側で買う本と、家の側で買う本、空港や駅、旅先で買う本は違ってくると思います。それが、本の売れ行きに影響しているはずです。

店によって違うため、売れている本が、本当に売れているのか、この店でだけの現象なのか判断がつかないのです。新聞や雑誌などのランキングも、都内の一書店の売れ筋を載せている場合は同じです。

◎読むかどうかは、自分の読書目的で判断する

ベストセラーは、手に取るかどうかの尺度にはしても、読むかどうかの決め手にはなりません。もちろん、１００万部を超える大ベストセラーは話題になることも多いので読んでもいいかもしれませんが、あくまでも自分の読書目的に照らして判断するべきです。

そもそも、書店は売れ筋を目立つ位置に置いているものです。売れるものを、もっと売ろうとするからです。よほど書店の奥の方の、書棚に立てかけてあるような本を引っ張り出してくるのでない限り、必然的に売れている本を手に取っているはずです。

ベストセラーは信憑性も疑わしい場合もあります。「ベストセラーは作られる」という人もいます。実際、売れている本の中には著者がせっせと自分で買っているものもあるのです。

なお、最終的にその本を手に取るかどうかを決めるのは、自分の直感です。書店に出向いて、気になる本があるなら、たぶん直感が働いたのだと思いますので手に取ってみてください。

何より「選書は当たりはずれはあるもの」と割り切って買うことです。最初は失敗を繰り返すかもしれません、次第に良書を選ぶ確度は必ず上がってくるものです。

ワンポイント

読む本は、読書目的と最後は直感で選ぶ

第4章

頭が良くなる読書の活かし方

本をたたき台にして、読んだ時間の3倍考える

一般的に読書は、自分が知らないことを得るために読む、インプットの手段と考えられています。しかし、本書では、特に読書を脳トレと考え、インプットで終わらせてはいけないとお伝えしてきました。読書は、読後に内容について考え、書いてあることを実践したり、人に伝えたりするなどアウトプットすることでようやく完結すると考えるべきです。この一連のプロセスこそが脳トレになるのです。本章では、アウトプットの方法を紹介していきます。

◎どうしたら自分の日常に当てはめることができるか

まず、読書をしたら、読んだ内容をもとに考えます。「読書をしたら、読んだ時間の3

倍は考えよ」という人もいます。私は、本を自分の頭で考えるための「たたき台」と位置付けています。読後に考えることこそが、読書の本来の目的です。そうすれば読書は最高の思考活動になります。必要なら、内容の周辺情報を調べたり、文中のキーワードやコンセプトを調べたり、類書や著者の他の作品を読むなどもします。この活動こそが脳を鍛えていくのです。

考えることは色々ありますが、最初は何を考えたらいいのか分からないかもしれません。その場合は、まず本の内容が「どうすれば自分の日常に役立つか」を考えます。これなら、比較的簡単に思索を巡らせることができるはずです。

たとえば、営業マンが営業法の本を読んだ場合や、独立を考えている人が起業の本を読んだ場合などは、自分にあてはめやすいと思います。ところが、本によっては「自分とは、まったく関係がない」と思えるものもあるはずです。そのような場合も、工夫して自分に当てはめます。

たとえば、フリーランスが、大企業の戦略論を読んでも、自分には何の接点も感じられないかもしれません。その場合は、大企業を自分に置き換えてみます。そして、中長期計画の立て方を、自分の人生設計や目標の作成に応用してみます。経営資源と言われるヒト、モノ、カネは、自分の資産、すなわち「人脈、持ち物、お小遣い・貯金」と置き換えてみます。このように、半ば強引でも、書いてあることを自分事にしてみるのです。

前述しましたが、書籍のレビューなどでも「自分には役立たなかった」という意見が散見されます。たとえば起業家が苦闘する本を読んで「自分はサラリーマンだから関係ない」などと書く人がいます。そういう人は読んだ時間を無駄にしてしまいます。そうならないために、自分と縁のない内容からでも、自分に役立つ学びを何かしら得ることです。たとえば、起業家の本から「良い手が無い時は、最善の手を打つ」という教訓を得たら、それは勤め人でも使える思考法です。仕事で苦境に陥った時、この考え方に基づいて行動することができるからです。

このように、異文化や異業界の話を自分で応用できれば、学びの機会は格段に増えていきます。一般に「学び上手」は「応用上手」です。このような工夫が、応用力を鍛えます。読書を活用すれば、応用上手になれるのです。

◎読んだらすぐに使ってみる

読んで「どうしたら自分の日常に当てはめることができるか」が見つかったら、実際に内容のいくつかを自分の生活の中で実践してみます。特に、ビジネス書は、生かすために読むものです。自分の仕事や暮らしに活かして、はじめて読んだ意味が生まれます。

読書は自己投資です。投資である以上、読むのに投じたお金や時間以上のリターンを回収するべきです。それができなければ、単なるお金と時間の消費であり、浪費です。投資に変えるには、読書で身につけた知識やスキルをどんどん使うことです。仕事や日常生活に役立てて、成果を上げて回収することで、はじめて読書は自己投資に変わったことになります。

読書の内容を活かすコツは、読んだらすぐに使うことです。「鉄は熱いうちに打て」と言いますが、これは読書でも同じです。たとえば、タイムマネジメントの本を読んだら、すぐに自分のスケジュールを作り直してみる、思考法の本を読んでフレームワークを身につけたら、すぐに自分の仕事を捉えなおしてみる、コミュニケーションスキルの本を読んで気になるフレーズがあったら、翌朝の会話に取り込んでみるなどです。

◎本に多くを求め過ぎない

その際、一冊の本に多くを求め過ぎないことです。たった一つでも役立つことが得られれば御の字です。そのたった一つが、人生の舵を大きく切ったり、飛躍させたりすることがよくあります。戦略思考の本で得たフレームワークで思考習慣が変わり、仕事の成果が飛躍的に改善した、時間管理の本を読んで時間の使い方が根本から変わり、夢が叶ったという人はいくらでもいます。読書には、パラダイムシフトを起こす力があります。それが運命を一気に変えてしまいます。それが読書の魅力です。

私も20代の時に船井幸雄さんの『早起きは自分を賢くする！出勤前の30日「自己革命」！』という本を読んで早起きをはじめました。その結果、朝時間が生まれたため、その時間に勉強したり、副業したりするようになりました。そうして、会社から独立することができました。人生が大きく変わったと言えます。

ちなみに、早起きは今でも続けています。その時間にウォーキングをしたり、体操をしたり、読書をしたりして、心身の健康維持に役立てています。このように、**たった一冊の**

本ではじめた朝時間の活用が、私の人生を形作る上で欠かせないものになっています。このように、読書は人生を変えるきっかけをくれるのです。

しかし、実践しなければ何も起きません。たった一つの小さなことでも、やってみることです。そのためには、**本を読む際「書かれたハウツーを1つは即実践する」と自分に言い聞かせて読むことです。**どんな本でも一つくらいは実践に値するものが書いてあるものです。それが何かを考え、実際にやってみることを自分に課して読むのです。私のように、大きな転機を得る可能性もありますし、なくても考えること自体が脳トレになります。どうしても実践したいことがない時は、運が悪かったと諦めて次の本に進めばいいのです。

ワンポイント

どんな本も、自分の日常に活かせないか考えてみる

読書で得た知識をアウトプットする

読書を終えたら、読書で得た知識や学びを要約して他の人に伝えること、アウトプットすることをおすすめします。その過程で自分の思考を整理し、内容をさらに深く理解することができます。また、内容を長期記憶に定着させることもできます。この過程が、そのまま脳の鍛錬になるのです。

◎「読んだら話す」を習慣にする

アウトプットと言っても、特に難しいことをする必要はありません。読んだ本の内容や感想などを友人や家族に話してみるだけでも、立派なアウトプットになります。相手が同じ本を読んでいないと話が合わないと思うかもしれませんが、そんなことはありません。

今日あった出来事を報告するように、本の話をすればいいのです。

インプットしただけでは、読んだつもり、わかったつもり、覚えたつもりで終わってしまいます。ところが、アウトプットすると、自分が何を理解できていないか、何を伝えられないのかがわかります。

いくら難解な本を最後まで読み通せても「どんな本だったの？」と聞かれて答えられないようでは、読んだ意味がありません。知識や情報を得ただけでは「体得した」という領域には至っていないものです。

記憶力とは、覚える力だけでなく、思い出す力でもあります。本の内容を思い出しながら、その内容について繰り返し話すことで、はじめて定着し、思い出せるようになります。本から学んだことを、いつでも再生できるようにすることで、はじめて使える知識と言えます。そのためにはアウトプットし続けるしかないのです。

読んだら話すことが一番ですが、結果的に話さなくても、アウトプットを想定して読むことで読書は主体的になります。話し相手を想定し、その人にどう話せば伝わるかを考えながら読むだけで、読書は主体的になります。

◎要約力を鍛える

人に話す時は、本の内容を要約してから話すことになります。要約とは「要するに何が書いてあったのか」を簡潔にまとめることです。**この要約力は、ビジネスの世界では強力な武器になります**。私は、経営コンサルタントになった時、この要約力を徹底的に鍛えられました。経営者の中には、会議などで延々と話をする人が少なくありません。内容も、理路整然としているとは限りません。その時、要所要所で「要するにこういうことですね」と相手の話を整理して、要約しながら聞くと重宝されました。こちらの意見も聞いてもらいやすくなります。

この要約力、すなわち要点をまとめるスキルは、訓練すれば誰でも身につけられます。ただし練習は必要です。その練習方法として読書は最適です。当初、私も苦手で、訓練を徹底的にやりました。その時、使ったのが書籍でした。本を読んだら、その内容を必ず要約することを習慣にしたのです。読みながら「この項目は何を言いたいのか」「この章は何を言いたいのか」を考えながら読み、最終的に「この本は何を言いたいのか」と要点を集約していきます。

頭の中だけではまとまらない時は、書き殴りでもいいから紙に書き出して把握するようにしました。**書き出すと、要約はやりやすいことに気づきました。難しく考える必要はなく、自分なりに重要だと感じたキーワードを書き出して、線でつないだりすれば、ポイントの関連性や論旨の構造が見えてきます。**これが前述の読書メモを作る習慣になっていきました。この要約を続ければ「要するに言いたいことは、この3つだな」と要点を指摘するクセがつきます。慣れれば、脳内で瞬時に要約できるようになります。

その後、この要約をまとめて、親しい経営者にプレゼントしたりしました。さらには、メールマガジンとして配信するようにもなりました。読み手がいるプレッシャーを自分に課して継続を促し、学習効果を高めようとしたのです。

ワンポイント

要約力は最強の武器になる

書評を書いてみる

読書で頭を鍛えるには、読んだ本の書評を書くこともおすすめです。書評とは、書物の内容を紹介しながら批評をした文章のことです。主に、新刊書などについて雑誌や新聞などに掲載されています。これを自分でも書いてみるのです。書評を書くことは、内容の理解をさらに深め、知識を整理し、他者との知識共有にも役立ちます。

前出の要約と違い、自分の個人的な見解や学びを加えることになりますから、学習効果がさらに上がります。実際に書かなくても、書評を書くつもりで本を読むだけで、読む時の意識が変わります。もちろん、実際に書けば、さらに学習効果は高まりますし、文章力もアップします。書評を書くことはいいことづくめなのです。

書評というと、著名な作家や評論家が新聞や雑誌に寄稿するくらいですから、難しく感じるかもしれません。しかし、アマゾンのレビューに書き込むぐらいなら、誰でも簡単にできるはずです。これも立派な書評です。

書くこと自体は簡単ですが、多くの人にとっては購入のきっかけになることも十分ありえます。つまり、レビューも立派な書評と言えます。

◎書評で文章力を鍛える

書評を書く時に大事なことは、自分が読者として、何をどう感じたかを書くことです。感じ方にいいも悪いもありません。

プロでないのですから、必ずしも「感動した」「面白かった」という好意的レビューである必要もありません。「つまらない」と思うなら、それを書くべきです。**ただし、何がどうつまらなかったのか書くべきです。それが、説得力を増し、文章の完成度が高くなります。**買う人にとってもいっそう参考になります。よく「買う価値なし」とか「買ってすぐにゴミになる」といった個人的な感情を記しただけのレビューも見かけますが、それでは脳トレになりません。

なお、レビューを書くことも、文章を書く訓練にもなります。いきなり文章を書くことは難しくても、読んだ本がお題なら書きやすいと思います。ここで鍛えた文章力は、仕事に役立ちますし、脳トレにも有効です。

私も、自著を出したり、雑誌に寄稿したりするまでは、本を買ってはアマゾンのレビューに書き込んでいました。文章力を鍛えることが目的です。実際、その過程で文章力は相当鍛えられたと思います。その後、本を書いたり、雑誌などに寄稿したりする際に大いに役立ちました。

◎書評を書くときの3つのポイント

書評を簡潔に書くにはコツがあります。**その本に「何が書いてあるか」「そこから何を学んだか」「それをどう活かすつもりか」の3つを柱にまとめることです。**

「何が書いてあるか」は本の概要です。「面白い・面白くない」は感想です。そして「何を学んだか」は、自分がそれをどう活かすかです。この3つを踏まえれば、読み手にわかりやすく伝わります。その本から何を吸収したのかを的確に表せます。

この時、あらすじは裏表紙や出版社が用意したものを引用するのでなく、自分なりにまとめることです。前述の通り、これを繰り返せば要約力を鍛えられます。その習慣ができるとテレビでニュースを見ている時でも「この話を人に伝えるにはどう言えばいいか」と考える癖がつきます。また「面白い・面白くない」と「何を学んだか」は、自分ならではの意見になります。

このように「要約＋コメント」の書評スタイルを続けると、事象に自分の意見を付加する習慣ができます。これも仕事に役立ちますし、ＡＩ時代にも求められるコミュニケーションスタイルだと思います。

◎ソーシャルメディアで本を活かす

アウトプットをする際、ＳＮＳを活用するのもひとつの方法です。これだけＳＮＳなどが普及した世の中ですから、手軽に始められる方法と言えます。

私は、ブログも、Ｘ（旧ツイッター）も、フェイスブックもやっています。それぞれ特徴がありますので、使い分ければいいと思います。好きなツールから気軽に始めてみればいいでしょう。

はじめから気負って凝ったアウトプットをする必要はありません。読んだ本の概要とメモ程度の感想を送るだけでも十分です。それだけでも反応があるものです。誰かが反応してくれることが読書とアウトプットのモチベーションになるものです。

異なるバックグラウンドを持つ人々からのフィードバックや意見を得ることで、自分自身では気づかなかった洞察や理解の側面を発見できます。

◎本は交流しやすいネタ

今は、ＳＮＳなどを通して気軽に人と知り合えるので、読んだ本を様々なツールで紹介してみることをおすすめします。実は、本は交流のきっかけをつくりやすいネタです。政治や経済、芸能ネタをＳＮＳに書き込むと反対意見を言われたり、炎上したりします。建設的な意見交換をするには話題の選定が重要です。

その点、読んだ本の感想を述べることは、様々な交流、学びにつながりやすいのです。時には「私はあなたとは違う感想を持った」と批判する人もいるかもしれません。しかし、本の読み方、解釈の仕方に正誤はありません。自分とは違う受け止め方をする人がいるのだとわかれば、新鮮な気持ちになるはずです。
まずは、気楽に感想を書くだけで問題ないと思います。フェイスブックなら「いいね！」と誰かが評価してくれるかもしれません。読書は孤独な作業ですから、誰かが承認してくれたらそれだけで嬉しくなるものです。それがアウトプットの楽しみにもつながります。

ワンポイント

読んだら書評を書いて発表するなどアウトプットする

こんな読書会なら、簡単にできる

読書の効果をさらに高めるには、読書会を開催することをおすすめします。読書会とは、読書家が定期的に集まって、読んだ本の内容や感想を話し合うことです。たとえば、あらかじめ課題図書を決めておき、それを読んだ上で集まって、学びや感想を共有し合うのです。同じ一冊の本からでも、様々な意見が得られることを知ることができます。または、各自が別々の本を読んだ上で集まって、自分が読んだ本について内容や感想を交換し合うという方法もあります。

いずれにしろ、参加者が読んだ本について深く掘り下げた上で、それを発表することで、多様な視点を共有し、新たな洞察が得られます。また、読書は一人でするものという思い込みから離れ、みんなで集まってワイワイと感想を言い合うことはアウトプットの理想形とも言えます。どうしても一人では読書が続かないという人にとってはモチベーションを保つ良い方法になります。**人に話すことを目的とするのでプレゼンテーションの訓練にもなります。こうしたプロセスを通じて、脳を鍛え成長につなげることができるのです。**まさにアクティブに読むことの究極の形と言えるのです。

◎読書会は自分で主催する

私も、サラリーマン時代には読書会に参加していました。会社には本好きな人はあまりいませんでしたが、読書会では本好きな人ばかり集まるため、楽しく刺激的な会話ができました。

独立してからは、自分で読書会を主催することにしました。経験からいうと、読書会は参加するより、自分で主催するほうが絶対にいいと思います。なぜなら、自分で主催すれば、当然ですが自分の出席率が上がるからです。主催者という責任感もありますが、自分の都合のよい日時や場所が選べるため、断然出席しやすくなるのです。

なお、**私の読書会は少し特殊でした。「本を読んでこなくていい」のです。**課題図書もなく、自分が読みたい本を持参すればいいのです。課題図書を設けないのは、本には好き嫌いがあるからです。学生の時、学校の読書感想文が苦手だった人は多いはずです。私もそうでした。課題図書がつまらなくて何の感想も抱けず、原稿用紙の前で頭を抱えていました。課題図書がつまらないという理由で出席が面倒になり、その後も足が遠のいてしまう人が現れるのは避けたいと思いました。まず集まってもらうことが目的なので、本にしばりを設けないことにしたのです。

事前に読んでこないのも、読む時間がないという理由で参加しづらくなることを回避するためです。とりあえず読みたい本を買ってきて参加できるようにすれば、参加のハードルはとても低くなります。このほうが多忙なビジネスマンでも参加しやすいと思ったのです。

◎読書会の進め方

私が主催していた読書会では、時間も厳密に決めてありました。まず、所要時間は2時間です。冒頭で30分間、時間を取り、持ってきた本を読んでもらいます。読む時間を30分間に設定しているのは、ほどよい集中力を保てる時間だからです。それ以上長くなると集中力は途切れてしまいます。

読んだ後に順番に感想を発表してもらいます。発表時間は一人5分間です。タイマーで時間を測ります。時間を決めておかないと15分ぐらいダラダラと他愛もない話をする人が出てきます。その結果、全員が感想を言い終われずに時間切れ、ということもよく起きます。反対に、一言、二言感想を述べて終わり、という人も出てきてしまいバランスが悪くなります。その点、話す時間を決めておけば、最低でも持ち時間は話そうと頑張ります。

◎話す内容のフォーマットまで決めておく

話す内容のフォーマットも決めてあります。まず「本の概要」を述べ、次に「自分が何を学んだか」を語り、最後に「それをどう活かすか」を宣言して終わる、という流れです。こうすれば、話が苦手な人でもフォーマットに当てはめて話すことができ、気持ちが楽になります。話すことがないという事態は避けられます。また、人によって話す内容がばらつくことがなくなります。話の内容が平準化できるため、記録も取りやすくなります。

この読書会は非常に有意義でした。まず、参加すれば強制的に30分間は読まされます。

読書は着手までのハードルが高いので、強制的に読まされることで、その後の読書がスムーズになります。また、他の参加者がすすめる本にも興味がわきます。はじめて知る本や読んでみたくなる本もあり、ますます読書の幅が広がるというメリットもあります。

この読書会を通して、強制的に脳トレができます。要約力、コメント力、プレゼン力というスキルも鍛えられます。いずれも普通に本を読んだだけでは身につかないスキルです。

集まって、他の人にアウトプットをするからこそ鍛えられるスキルです。ビジネスで武器になります。これはＡＩ時代になっても十分生かせるスキルだと思います。

リモートで開催すれば、開催のハードルも下げられますし、参加率も上がると思います。

ぜひ、多くの人に読書会を開催してもらいたいと思います。

ワンポイント

読書会こそ、アクティブラーニングの最終到達点

第5章

私が読んできた名著たちおすすめ30冊

本章では、私がこれまで読んできた本の中から、**AI時代の脳トレにも役立ちそうなものを中心に厳選し、テーマ別に全部で30冊紹介します。**第1章で紹介した、AI時代に強化すべき能力を念頭に、創造性を育む、人間関係を円滑にする、リーダーシップを発揮する、戦略と経営を学ぶ、生き方・働き方を考える、その他という5つのテーマで分類してあります。

どれも私が実際に読み、今も生きる上での羅針盤《らしんばん》になっている本ばかりです。刊行から10年以上経った本も多く含まれていますが、そういう本こそ時間の評価を通過してきた優れた本とも言えます。長く読み継がれているのは、普遍的なことが書いてあるからであり、**AIが普及して世界が様変わりしても価値を失わない本だと思います。**というわけで、今でも簡単に手に入る本である限り、積極的に紹介してあります。

もちろん、これまでも紹介してきた通り、**思考力を鍛えるには、ビジネス書に限らず、ありとあらゆる分野の本を広く読んだほうがいいと思います。**とは言え、これから読みはじめる人にとっては、選択肢が多すぎるとかえって何を読んでいいかわからないと戸惑うと思います。まずは、ここに挙げた書籍を参考にしていただければと思います。

《創造性を育む本》

『アイデアのつくり方』ジェームス・W・ヤング（CCCメディアハウス）

ＡＩ時代は創造性が重要です。本書は、アイデアの生み出し方を教えてくれます。誰もが、アイデアの重要性を知りながら、それを生み出す方法を知りません。待っていれば、いずれ湧き起こるものと思っている節があります。本書は「人はどのようにしてアイデアを手に入れることができるのか」という疑問に正面から答えてくれます。

書かれたのは１９４０年と半世紀以上前ですが、今も世界中で読まれ続ける不朽の名著です。著者のジェームス・W・ヤングは、広告業界で数々の斬新なアイデアを打ち出して頭角を表した人物です。「自ら、アイデアを作る仕事で暮らしをたてる以外に能がなかった人間の個人的な経験談」としていますが、それでもアイデアが生まれるプロセスをみごとに描いています。だからこそ、長く読み継がれているのです。

著者は、アイデアとは、既存の要素の組み合わせであるとし、新しいものを作り出すには、事物の関連性を見つけ出そうとする心の働きが大事だと言います。また、アイデアは５つの段階を経過して作られると言います。すなわち「材料収集」「材料の消化」「孵化《ふか》」「誕生」「検証と発展」という過程です。各段階は関連していて、一定の順序で進みます。先行するステップが完了するまで、次のステップに進まないことが大切だとも言っています。

中でも「孵化」のステップが印象的でした。あれこれ情報を収集して加工して思考を巡らせたら、あとは問題を放り出し、できるだけ問題を心の外に追い出してしまえといいます。放っておくと、ふとした瞬間にアイデアが自然に生まれるといいます。思い当たる人もいるのではないでしょうか。

小さく薄い本で、読み終わるのに一時間もかからないと思います。それでも、手元に置いて繰り返し読む、一生手放せない本だと思います。

《創造性を育む本》

『アイデアのちから』チップ・ハース、ダン・ハース（日経BP）

凄いアイデアは、人、そして世の中を動かします。ところが、なかなかそうはなりません。トップが新戦略を説明し、社員が熱心にうなずいていても、すぐに従来通りのやり方に戻ってしまいます。見事なアイデアと凡庸なアイデアの違いは、強い印象を残せるかどうかなのです。

本書は、記憶に焼きつくアイデアを作る原則を事例とともに紹介しています。アイデアを記憶に焼きつけ、行動に駆り立てるには何をすべきかがわかります。「記憶に焼きつく」とは、理解され、記憶に残り、持続的な影響力を持つことです。つまり、相手の意見や行動を変えることです。

成功したアイデアには、次の共通原則があるといいます。すなわち、単純明快であること、意外性があること、具体的であること、信頼性があること、感情に訴えること、物語性があることの6つです。ここではこれらの頭文字をつなげて「サクセスの法則」と呼んでいます。

たとえば、アイデアを相手の記憶に焼きつけるには単純明快に伝えることが大事です。アイデアの核を見極め、余分なものをはぎ取り、一番大切な本質をむき出しにすることです。米陸軍には、司令官の意図と呼ばれる命令の冒頭に述べられる平易で簡潔な文言があるそうです。そこでは作戦の目標や望ましい結果が説明されるといいます。これがあるからこそ、指揮官は現場で細々とした指示を出さずにすむそうです。最終目標までわかっているから、兵士は臨機応変に対応しながら目標を達成できるのです。

このように、すごいアイデアは人を動かし、歴史を動かします。そうした具体例が豊富に盛り込まれています。きっとアイデア創造のヒントになると思います。

《創造性を育む本》

『「クリエイティブ」の処方箋』ロッド・ジャドキンス（フィルムアート社）

クリエイティブな人たちの思考の裏側を知り、それを応用できるようになる本です。クリエイティブな活動に取り組む人が、必ずぶつかる壁をどうやって乗り越えてきたかを事例を交えて紹介します。

取り上げられるのは、古今東西ありとあらゆるクリエイティブな思考で成功した人たちです。たとえば、マリリン・モンロー、ビートルズ、ダリ、スティーブ・ジョブズ、ビル・ゲイツ、ココ・シャネル、ベートーベン、スピルバーグ、ボブ・ディラン、ミケランジェロ、フランク・ロイド・ライト、フィッツジェラルド、マイルス・デイヴィス、アンデルセン、ガリレオなどです。創造性豊かな成功者たちを研究してきた著者が、彼らの方法論を興味深い視点で解き明かしてくれます。

たとえば、行動を起こすと、何かが始まる、生涯初心者、扱う媒体の心を知る、他の誰かとして生きない、自分から行動を起こす、身も心も捧げる、災い転じて福と為す、無益なことの実益、他人と同じことを考えない、という具合です。これらを86のヒントとして、エクササイズまで掲載されています。

成功者が立ちはだかる壁をどんなふうに乗り越えてきたのか、普通の人たちがそれを応用するにはどうすればいいのかがわかります。自信を持つ方法や才能に目覚める方法、自分のクリエイティブに気づくヒントが詰まっています。

自分には才能がない、仕事に情熱を感じない、自分に向いていない分野で成果を出したい、好きなことで生計を立てたい、若すぎる・年をとりすぎていると思う人、やりたいことができていない人、天才やアーティストの思考法を知りたい人におすすめです。

《創造性を育む本》

『アイデア・バイブル』マイケル・マハルコ（ダイヤモンド社）

発想トレーニングの名著です。考える力をつけ、創造性を開発するのに役立つ発想法がエピソードとともに紹介されています。読めば、アイデアに満ちた独創的な人間になる方法がわかります。

著者は創造性開発の専門家です。紹介されるのは、前提条件を逆転させてアイデアを生み出す「前提逆転発想法」や課題が抱える様々な属性に焦点を当てる「属性列挙発想法」など、創造性を開発するのに役立つ発想法が実践的なトレーニングとともに紹介されています。

たとえば、発想法は「左脳型」発想法と「右脳型」発想法の2つに大別できるといいます。左脳型発想法とは、すでにある情報を使って考える方法です。一方、右脳型発想法は、洞察力と想像力、そして直感を使ってアイデアを生み出すやり方です。創造性を発揮するには、この両方が必要だと言います。

前提逆転発想法とは、前提条件を逆転させることで、アイデアを生み出す方法です。たとえば、レストランを開店するなら、メニューがある、食事を提供するという具合に、レストランに関する全ての前提をリストアップし、その上でリストアップした前提を逆転させ、その逆説を実現できるかどうか自問します。メニューがないレストランを実現するには、たとえばシェフが当日仕入れた肉、魚、野菜などの食材を説明し、お客様に食材を選んでもらい、それらを使った料理を提供するなどです。こうして、ワンパターンになりがちな考え方をひっくり返す発想法です。

読み込み、使い倒すべきです。全部をマスターしなくても大丈夫です。一部だけでも使って自分のものにすれば、着実にアイデアが生み出し続けられるようになります。企画立案する人、起業したい人、新事業を立ち上げたい人など、発想力を強化したい人のための決定版です。

《創造性を育む本》

『考具』加藤 昌治（CCCメディアハウス）

アイデアが必要な人に役立つ、考えるための道具を紹介する本です。今はすべての仕事に企画性やアイデアが求められる時代です。ビジネスパーソンの多くが、アイデアを考え、企画にして、実行することで対価を得ています。ＡＩが普及すればますますそうなると思います。しかし、考えろと言われるだけで、考え方を教わった人は多くありません。それは、頭を抱えて考えていれば、いずれ生み出されると思われているからです。悩んで企画や発想の本を手に取っても、多くは企画書の書き方や精神論、経験則が書かれているだけです。必要なのは、アイデア発想の普遍的なノウハウです。せめて大工仕事の金づちや、のこぎりのように、材料を加工する工具があれば助かります。本書は、知的生産活動の道具を目指しています。考えるための道具だから「考具」というわけです。

そんな「考具」をいろいろと紹介してくれる本です。たとえば「カラーバス」「フォトリーディング」「アイデアスケッチ」「ポストイット」「マンダラート」「マインドマップ」「ブレーンストーミング」「5W1Hフォーマット」などです。すぐに使える「考具」が満載です。読めば、頭と身体が「アイデアの貯蔵庫」「企画の工場」に変わり、アイデアに溢れる企画型の人間になれるはずです。

著者が打ち合わせに出すメモなども掲載されています。手元において、困った時、暇な時に見返すとヒントが見つかると思います。就職活動に悩む学生から経営戦略を考えるエグゼクティブまで、アイデアが必要なすべての人に発見があると思います。

《戦略と経営を学ぶ本》

『企業参謀』大前研一（プレジデント社　新装版、1999年）

ビジネスパーソンには、本質を突いた論理的な思考が求められます。それは、ＡＩが普及してからも変わりません。様々な業務をＡＩが担うようになれば、人間はより核心に近い業務、経営者やリーダーのような業務を担うようになるため、むしろ一層重要になると思います。考える仕事の割合が増えていくと思います。

不可欠なのが思考法、中でも戦略思考です。戦略思考とは、ビジネス上の目標を達成するために、環境を正しくとらえ、課題の優先順位を明確にし、論理的に決断することを可能にする思考法です。経営課題の解決に深くかかわるリーダーなら、ぜひ身につけておきたいところです。ＡＩを使いこなす上でも不可欠です。これを身につけておけば、不毛な考えに惑わされることがなくなり、決断が早く、容易になります。発言も論理的になるため、説得力も増します。こうした思考法は、日常生活にも広く応用できます。

本書は、そんな戦略思考が身につく本です。今では類書もたくさん出ていますが、まずは本書がおすすめです。なぜなら、本書こそが世界に先駆けて発刊された、いわば原点だからです。著者は、経営コンサルタントの大前研一さんです。1970年代後半、オイルショックのころに書かれた本ですが、古さはまったく感じません。だからこそ、多くの人に読み継がれてきたのです。当時は、戦略思考など一般的でなかったため、基本から丁寧に解説されています。事例も豊富でわかりやすく、興味深く読み進めることができます。思考法の入門書として最適と言えます。

私は、この本を読んで思考には方法があることを知りました。このことを知ってから、知的生産性に大きな違いが生まれることを思い知らされました。また、正しい解決策に到達する上で一番大事なことは、正しい設問であることにも気づかされました。その結果、日ごろから設問を意識して考えるなど、思考習慣が大きく変わりました。経営者やリーダーの思考や発想、コミュニケーション力を身につけるきっかけになった本です。

《戦略と経営を学ぶ本》

『競争の戦略』マイケル・E・ポーター（ダイヤモンド社）

ＡＩ時代には経営者のように思考するべきです。その際に避けて通れないのが経営戦略です。本書は、経営戦略論の古典として広く読まれてきた本です。著者は競争戦略の大家として知らない人はいないマイケル・E・ポーターです。史上最年少でハーバード大学の正教授になった人物です。

本書は、そんなポーター教授の代表作です。経営の原理原則が書いてあります。発刊から数十年以上経ちますが、その地位はますます揺るぎないものになっています。

世界中の経営大学院でテキストとして使われています。そのため、経営論の書籍を読めば、本書の理論がたいがい引用されています。具体的には、5Fやコスト競争・差別化競争、競争する場所の選定などです。戦略論の定番であり、鉄則と言われるものばかりです。その内容が理論的に書かれています。

中でも、主な理論は、5つの競争要因と3つの基本戦略です。実際には、この2つは競争の戦略の前段にすぎず、本書の中盤から後半は参入障壁の分析と活用法が解説されています。

競争の基本アクションは、自社の防衛力を高めることと、他社の業界に効果的に参入することにあります。前者は参入障壁を作ることであり、後者は別の業界を攻めることです。攻守において相手と自分を隔てる壁を徹底的に強化することと攻略することが理論の中心になっています。

経営学を学びたい人は、まず避けては通れない1冊です。ただし、内容は難解で分量も多いので読む際には大きな負荷がかかると思います。読書習慣がないと、中々読破できないかもしれません。まずは読む前の環境作りが重要です。その分、食らいついていけば、効果的に脳を鍛えることができると思います。

《戦略と経営を学ぶ本》

『経営12カ条』稲盛和夫（日経BP　日本経済新聞出版）

経営者の思考法を身につける上で、欠かせないのが経営者の本を読むことです。本書は、あの経営の神様、稲盛和夫さんの著作です。

経営者は何を思い、何を行うべきか、経営者として貫くべきは何かがわかります。著者が経営の第一線を歩き続ける中で生み出され、身につけた経営の要諦《ようてい》です。世の中の複雑に見える現象も、原理原則を解き明かせば単純明快という考えのもと、どうすれば経営がうまくいくのかを、自らの経験にもとづいてわかりやすくまとめてあります。

経営というと、複雑な要素が絡み合う難しいものと考えがちです。しかし、著者は「本質に立ち返れば経営はシンプルで、原理原則さえ会得できれば誰もが舵取りできる」といいます。

具体的には、事業の目的・意義を明確にする、具体的な目標を立てる、強烈な願望を心に抱く、誰にも負けない努力をする、売上を最大限に伸ばし、経費を最小限に抑える、値決めは経営、経営は強い意志で決まる、燃える闘魂、勇気をもって事に当たる、常に創造的な仕事をする、思いやりの心で誠実に、常に明るく前向きに、夢と希望を抱いて素直な心で、という具合です。

自ら経営した京セラ、ＫＤＤＩや日本航空などの大企業はもちろん、中小企業に至るまで、あらゆる業種、業態での実践の中で実証されています。

さらに、経営12カ条について、条ごとにポイントをまとめた要点と、関連する本人の発言を抜粋して、補講として収録されています。経営12カ条が実践できているかどうかを確認するチェックリストとして活用でき、理解を深めるために役立ちます。

《戦略と経営を学ぶ本》

『ビジョナリー・カンパニー』ジム・コリンズ、ジェリー・ポラス（日経BP）

「永続」している会社にはどんな特徴があるのか、そんな誰もがいだく疑問の解明に挑むのが本書です。ライバル企業よりも優れた業績を上げてきた優良企業の成功の要因を解明します。

１９９４年に出版され、５年連続全米でベストセラーになりました。アメリカのビジネスマンを夢中にさせた本です。日本でも、経営者の多くが本書を座右の書として挙げています。時代の変遷を越えて読み継がれてきた本です。

具体的には、アメリカの主要企業のＣＥＯから採ったアンケートで選ばれた18社の歴史について６年間調査をした結果から生み出されたレポートです。フォーチュン誌、インク誌の企業ランキングから７００社を選び、ＣＥＯにアンケートへの協力を依頼し、リストの上位20社の特徴を徹底的に検証します。

タイトルにあるビジョナリーとは「先見性」や「未来志向」を意味します。ビジョナリー・カンパニーとは、一人のカリスマより、組織文化の醸成を促す経営者によって創り出されることを明らかにします。そして、それを可能にするために、独自の基本的理念を作成し、維持し、組織全体で理念の進化を促すことで、時代の変化や製品サイクルを乗り越えています。たとえば、企業の使命は、利益を上げることであり、それを株主に還元することとされています。しかし、ジョンソン・エンド・ジョンソンは、企業が奉仕する優先順位として、まず顧客、次いで社員、そして地域社会、最後に株主という基本理念を掲げています。そういう企業こそが、経営者たちから尊敬を集めています。活力を生むのは、お金では計れない動機づけにあるというシンプルな真理が浮き彫りにされています。世界を代表する企業の決断の歴史も知ることができます。

《戦略と経営を学ぶ本》

『道をひらく』松下幸之助（PHP研究所）

こちらも日本を代表する経営者の人生訓です。リーダーは、職場でも家庭でも影響力が他の人より大きいものです。仕事はもちろん、人間や人生に対しても、深い洞察と理解が求められます。それが仕事や部下育成、人間関係にも影響します。

そんなリーダーの思考を理解する上でおすすめしたいのが、松下幸之助の著作です。ご存じ松下幸之助は、9歳から丁稚《でっち》奉公に出て、一代で松下グループ（現パナソニックグループ）を築き上げた立志伝中の人物で「経営の神様」と呼ばれています。戦後の復興の中、世の中から貧しさをなくすことを信念とし、水道の水のように安価で豊富な物資で満たし、不自由をなくすことが役割と考えて経営を行ってきました。さらに、豊かな社会の実現には政治の役割が重要だとして松下政経塾を興すなどしてきました。

そんな松下幸之助が、人生に対する洞察をつづった随想集が本書です。もともとPHP研究所の機関誌『PHP』に連載されていたエッセイをまとめたものです。そのため見開き2ページの短編が120あまり掲載されています。読みやすく、また繰り返し読むのに適しています。

初版は1968年に発刊されており、すでに古典の域に入っています。それでも、内容はまったく色あせていません。理由は、不変の真理を書いているからです。

高い理想を持ち、その実現のために、経営者にとどまらず、幅広く活動した著者の言葉は、仕事や経営の心得はもちろん、政治への提言や人生訓まで、すべてにおいて重みがあります。だからこそ、多くの人を勇気づけ、指針を示しロングセラーになったのです。文体にも、謙虚に接することの大切さを説く著者の人柄がにじみ出ています。あらゆる年代、職種の人に役立ちます。社会人はもちろん、大学生や高校生が読んでも、得るものは少なくないと思いますので、わが子にプレゼントするのもいいと思います。

《リーダーシップを発揮する本》

『マネジメント』ピーター・F・ドラッカー（ダイヤモンド社）

ＡＩ時代に生き残る人は、ＡＩの上司になれる人です。本書は、そんな時代にこそ読みたいドラッカーの経営学です。著者のマネジメント論を体系化した集大成です。マネジャーが指針にするべき役割・責任・行動が示されています。読めば、目的意識と使命感が得られます。30カ国語以上に翻訳され、世界中で読まれています。

書かれたのは、いわゆる日本型経営が形成された時期です。そのため、事例も第二次大戦中、当時最大最強の自動車メーカーＧＭでの調査に始まり、アメリカの大手鉄道会社と病院チェーンへのコンサルティング、カナダの政府機関再編への協力、日本の政府機関、企業への助言と進んだ経験から得たものです。このように事例は古いですが、気にする必要はありません。基本・原則を示しているため、変わりえないからです。

マネジメントには、基本・原則にすべきものがあり、その基本・原則は、組織が置かれた環境に応じて適用すべきであるといいます。そして、基本と原則に反するものは必ず破綻するとも言っています。また、マネジメントの仕事とは、実践であり、成果を出すことだと言います。社会と経済の健全さはマネジメントの健全さで決まります。

時代が変われば、企業も政府機関も、構造、機能、戦略の転換が必要になります。その時、いちばん重要なことは、変わらざるもの、すなわち基本と原則を確認することだと気づかせてくれます。

これまで企業が直面した課題と問題、発展させた政策と経営は、ほとんどすべて『マネジメント』で提起され論じられています。第一線の経営者が問題に直面した時に参考にしてきた参考書であり、専門家、科学者が組織を知るために学んだ教科書です。現役のマネジャー、若手の社員、新入社員、学生の入門書としても広く読まれています。目の前にある機会と挑戦は何か、自分の拠り所、指針とすべき基本と原則は何かを考えながら、腰を据えて読むべき本格的な本だと思います。

《リーダーシップを発揮する本》

『1分間マネジャー』K・ブランチャード、S・ジョンソン（ダイヤモンド社）

部下がやる気を出し、自発的に動くようになる方法がわかります。とかく難しいとされているのが、マネジャーの仕事です。人を相手にするだけに、特有の難しさがあります。誰もが悩みます。そのため類書もたくさん出ています。しかし、実践的で効果が期待される良書は限られています。それをすべて兼ね備えているのが本書です。

40年以上、世界で読まれてきた上司や管理職のバイブルです。タイトルの「1分間マネジャー」とは、マネジャーの仕事を「教える」「ほめる」「叱る」の3つに絞り、「1分間目標」「1分間称賛」「1分間修正」という3つの手法としてまとめたものです。これを実践するだけで、部下はやる気を出し、自発的に動くようになるといいます。つまり、最低限のマネジメントができるようになるのです。あまりにもシンプルで、効果を疑いたくなるかもしれません。しかし、行動科学と精神医学の研究成果に基づいた裏付けのあるノウハウです。実際、私も会社経営をはじめたころは、社員のマネジメントに悩み、本書を手に取りました。この3つを意識して社員と接するようになってから、社員との関係性が大きく改善したことを覚えています。

著者は、リーダーシップの権威で、本書の手法はアップル、マイクロソフトなどの企業だけでなく、ハーバード大学や米陸海空軍まで多くの企業や組織に導入され、成果が立証されています。本書はそんな「1分間マネジメント」を物語に落とし込んであります。若者が会社を訪ねて、3人の社員から3つの秘訣を学び、最後に一分間マネジャーと質問のやり取りをして疑問を解消するというストーリーです。1時間もあれば読み終わります。それだけで「1分間マネジャー」のすべてがわかります。マネジメントが難しいと感じているマネジャーや部下との関係に悩む人、もっと組織力を高めたいと考えているリーダーにおすすめです。さらに、子育てや教育の現場でも応用できると思います。

《リーダーシップを発揮する本》

『人を動かす』デール・カーネギー（創元社）

リーダーの役割とは、本質的には「人を動かすこと」です。書名にそれを冠した本書は、正にリーダーシップのバイブルです。1937年に発行されて以来、今も通用する内容です。人間の本質を踏まえて書かれているからです。読めば相手の長所を見つけて自然に動かすことができるようになります。人を動かす3つの原則です。

著者は、人を動かすには「考えを表現する能力」「リーダーシップをとる能力」「人々の熱意を引き出す能力」が求められるといいます。これこそリーダーに求められる能力です。そんなリーダーの能力を高めるために知っておくべきことが書いてあります。

たとえば、人を動かすには「非難もしない、苦情も言わない」「長所を見つけて心から賞賛を贈る」「相手の心に強い欲求を起こさせる」ことが大事だと言います。これはそのままリーダーの心得です。他にも「相手に好かれる」「相手を自分の考え方に引き込む」「相手の感情を害することなく相手の考え方を変える」なども解説していますが、いずれもリーダーシップを発揮する上で大いに役立てたい内容です。たとえば「相手に好かれる」には「相手と接する際、相手に自分が重要視され、評価されていると感じさせることが大事だ」といいます。また「相手に操られていると感じさせないようにつき合う」「相手に自分が望むことをさせる」として「相手の中に強い欲望を喚起させる」とあります。このあたりは、私自身が本書を読んで、部下と接する際に意識するようになったことです。

このように、どれもリーダーの仕事に役立つ言葉ばかりです。しかも、仕事以外の人間関係全般にも応用できます。たとえば、家庭で子供のやる気を引き出したり、夫婦円満に過ごしたり、友人との関係を良好に保つなど、公私にわたって広く応用できる内容です。

《リーダーシップを発揮する本》

『代表的日本人』内村鑑三（岩波書店）

日本古来のリーダーの姿からリーダーシップや生き方を学びます。書かれたのは近代化に邁進する明治時代です。もともと日本の精神性の高さを世界に知らしめようと英語で出版されたものを逆輸入したとのことです。そのため、日本より、むしろ欧米で知られている本です。『武士道』『茶の本』と並ぶ日本人論の一冊です。

西欧文化が押し寄せる中で、日本人はどう生きるべきかを模索します。具体的には、西郷隆盛、上杉鷹山《ようざん》、二宮尊徳、中江藤樹、日蓮といった五人の歴史上のリーダーたちの生き方を描き、日本人がどんな価値観を持ち、日本のリーダーはどんな存在かを語ります。単なる人物伝でなく、深い洞察からリーダーの条件が導かれます。たとえば、西郷隆盛からは「正義を貫く」「他人を利する」「人を愛する」、上杉鷹山からは「人を作る」「部下を思う」「長期の視点を持つ」、二宮尊徳からは「勤勉」「自然と共に生きる」「誠意」という具合です。まさにリーダーに求められる資質ですが、忘れられやすい価値観が再発見できます。

旧い本ですが、難しい言葉使いもなく、読みやすく編集されています。「代表的」という言葉から、欧米人や日本の知識階級に向けて日本人は素晴らしい民族だというメッセージを伝えようとする意図を感じます。異なる文化を受け入れていくという側面が強調されていますが、根底には自分たちの文化を知り、誇りを持つことがあります。まず解説を読むことで、より理解が進むと思います。

社会は変化し、多様化しています。若者が、リーダーという存在に憧れを抱かなくなり、目指さなくなっています。そんな現代に、リーダーが拠り所にすべき指針が得られます。何より、リーダーは素晴らしい存在で、リーダーを目指すことは素晴らしい生き方であることを再認識できる本です。こんな生き方をしたいものと思わせてくれます。

《リーダーシップを発揮する本》

『サーバントリーダーシップ』ロバート・K・グリーンリーフ（英治出版）

新時代のリーダーの在り方です。読み継がれてきた不朽の名著です。リーダーというと、偉そうに振る舞う人物として描かれがちです。そう振る舞わなければ人はついてこないと考える人もいます。ところが、それではかえってリーダーシップを失うと言います。むしろ奉仕の姿勢で尽くしたほうが、かえって慕われ、信頼され、リーダーとして続くといいます。それがサーバント・リーダーです。その在り方を描きます。

そこには、通常のリーダー論が想定しがちな、カリスマや英雄のイメージはまったくありません。並外れたオリジナリティや勇猛さとも無縁です。むしろ、穏やかで信頼できる人物像です。喜んでついてくる人がいなければ、リーダーとは言えないからです。彼らの視点を無視してリーダーシップを語ることはできないのです。自分の良心に従い、より良い世界へ導くことを自分の責務と信じ、周囲の人々や組織が何を優先すべきかに、いつも心をくだく必要があります。

１９７７年に米国で初版が刊行されて以来、研究者・経営者・ビジネススクール・政府に絶大な影響を与えてきました。今ではリーダーシップ論の基本哲学と言われます。古典的名著ですが、むしろ今こそ求められる新たなリーダーのあり方を考察するヒントに溢れています。

環境の変化のスピードが劇的に早くなり、絶対的な権力は腐敗し、次々と存在を否定されていきます。メンバーたちは疲弊しています。公益に貢献しながら、成長を続ける組織は少ないのが実態です。そんな混迷の今こそ、本書の示すリーダーの姿が輝きを増します。

従来のリーダーシップ像に違和感を覚える人やフォロワーシップを学びたい人、自分はリーダーには向いていないと感じる方にもおすすめです。

《リーダーシップを発揮する本》

『「ついていきたい」と思われるリーダーになる51の考え方』岩田松雄

（サンマーク出版）

本書は、誰でも頑張ればリーダーになれると断言します。リーダーシップは生まれつきでなく、誰でもリーダーになれる素質を持っているからです。「普通のおじさん」と自認する著者が「まわりに推されてリーダーになる方法」を51項目にまとめて教えてくれます。リーダーというと、生まれつき強いリーダーシップを持ち、プレゼンテーションも見事で、「オレについてこい」というカリスマ性を持っている人を連想するのが普通です。そして、自分はそんなふうになれないと悩み、リーダーになることをあきらめる人もいます。

しかし、そんなリーダーシップのイメージは変えるべきと言い、むしろ謙虚であるほうが大事だと言います。「うまくいったのは運が良かったから」「部下が頑張ってくれたから」と考えて、うまくいかない時は「すべて自分の責任だ」と考える。そんなリーダーになるべきです。自分がリーダーシップを発揮しなければならないなら、こうした深沈厚重型の静かな闘志と優れた人格を持つべきだといいます。

また、リーダーとは、地位でも権力でもなく、責任と考えます。部下がいれば、彼らの幸せは自分が握りますし、動かせるお金も増えてきます。こうしたことに畏《おそ》れがなければ危険だと言います。責任を忘れて権力の誘惑に流されるから、不祥事や不正、部下からの信頼を失うなどの結末を迎えるのです。そうした誘惑に打ち勝てる人格や人間性を持つ人だけが、リーダーになるべきだといいます。

著者のリーダーシップは、高校からはじめた野球でキャプテンになった経験が原点になっています。目立った活躍もできない著者にキャプテンが命じられたのは、下級生の強い推薦があったことだといいます。まわりから押し上げられて、リーダーになったのです。その経験が本書のベースになっています。

リーダーの本質がわかります。管理職の方、新しくリーダーになった方、初めて後輩ができた方など、たくさんの人におすすめです。

《人間関係を円滑にする本》

『自分の小さな「箱」から脱出する方法』アービンジャー・インスティチュート

（大和書房）

ＡＩ時代こそ、人間同士の関係性がますます重要になります。しかし、ビジネスの現場で一番難しいのも人間関係です。実際、職場の悩みも離職原因も多くが人間関係です。職場の人間関係は大きな経営課題であり、パーパス経営や心理的安全性など、働く人たちの関係性に着目した理論や手法にも高い関心が寄せられています。

その多くは、職場全体で取り組む制度であったり、規制であったりと個人レベルで着手するには限界があります。その点、本書は人間関係を改善するために、個人から取り組める方法です。世界的ベストセラーで、日本でも広く読まれてきました。

人間関係を考える時、誰もが「相手が悪い」と思いがちです。「自分はちゃんとしているのにうまくいかない」「周りに嫌なヤツがいて、いつも自分の足をひっぱる」「部下が思うように動いてくれない」など、悩みは尽きません。それこそが、本書のいう「箱」に入った状態です。実際は、自分に原因があることが少なくないのです。ポイントは「箱」の存在です。自分が内心「相手のためにするべきだ」と感じていることに背くと、その瞬間に自分を正当化しようと現実のほうを歪《ゆが》めてしまいます。つまり、相手が原因だとしてしまうのです。それが「箱」に入った状態です。この状態では、良好な人間関係など夢のまた夢です。

大事なことは、「箱」から出ることです。そして、相手を物でなく人として見ることです。自分が相手にどんな影響を及ぼしているのかは、「箱」から出てはじめて見えてきます。読めば「箱」から出ることの大切さが実感できます。また、自分が現在「箱」に入っている状態かどうかを確かめることができます。「箱」から出れば相手を尊敬し、愛おしく思えるようになるはずです。それが相手にも伝わり、自分も心地よくなり、自信がついてきます。その結果、家庭や職場の人間関係は深くなり、大きく改善するはずです。

《人間関係を円滑にする本》

『嫌われる勇気』岸見一郎、古賀史健（ダイヤモンド社）

対人関係の悩み、人生の悩みを100％消し去る方法です。他人の期待を満たすためでなく、自分らしく生きることの大切さを教えてくれます。人の期待に応えようとすると、他人に振り回されストレスになります。ところが、職場でもSNSでも、相手の反応を過剰に気にする人が増えています。嫌われないように、目立たないようにする人もいます。その傾向は、AI時代になっても、変わらず加速していくはずです。

だからこそ、嫌われる勇気です。嫌われることは怖いですが、一度受け入れてしまえば、他人の言動に左右されることはなくなります。その結果、自分の人生を、自分らしく歩むことができるようになるのです。

アドラーは、世界的には、フロイト、ユングと並ぶ心理学界の三大巨匠とされていますが、日本国内では本書が出るまで無名に近い存在でした。しかし、現代の日本人にこそ必要な思想です。そのため、本書は発刊後、またたくまにベストセラーになりました。

アドラーは、「トラウマ」の存在を否定し「人間の悩みは、すべて対人関係の悩みである」と断言します。その上で、対人関係を改善していくための具体的な方策を提示していきます。それがアドラー心理学です。

本書では、平易かつドラマチックにアドラーの教えを伝えるため、哲学者と青年の対話として進められます。青年が対話を通してアドラーの思想を理解していくのです。

著者は日本におけるアドラー心理学の第一人者で、日本アドラー心理学会顧問で、アドラーの著作も多数翻訳している岸見一郎氏と臨場感あふれるインタビュー原稿を得意とするライターの古賀史健氏です。対人関係に悩みながら、自分らしく生きたいと考える現代人におすすめです。

《人間関係を円滑にする本》

『GIVE & TAKE』アダム・グラント（三笠書房）

ビジネスは「ギブ&テイク」と言われます。その常識は本当でしょうか？　それとも、単なるきれいごとでしょうか。実際「ビジネスは弱肉強食で、他人を蹴落としてでも生き残るべき」と公言する人もいます。考えさせられるテーマです。

この真偽を調査・分析して、答えを出したのが本書です。著者は、ペンシルベニア大学ウォートン校の教授で史上最年少の終身教授になった方です。数々の賞を受賞し「グーグル」「IBM」「ゴールドマンサックス」などでコンサルティングを行うなど、気鋭の組織心理学者です。

本書では、まず「ギブ&テイク」に対する考え方で人を3つのタイプに分類します。具体的には、人に惜しみなく与えようとする「ギバー」、真っ先に自分の利益を優先させようとする「テイカー」、損得のバランスを考えようとする「マッチャー」です。そして、職場に圧倒的に多いのが「マッチャー」(56%)であり、次に「ギバー」(25%)、最後に「テイカー」(19%)であることを突き止めます。「ギバー」は、自己犠牲型と他者志向型の2つのタイプに分かれます。この中で、もっとも成功できないのは「自己犠牲型ギバー」で、次に「テイカー」、最後に「マッチャー」であることを教えてくれます。

面白いのは、一番成功できるのも「他者志向型ギバー」だということです。実は、他者志向型ギバーには、大成功者が多いのです。このことは、私の周りの成功者たちを見渡しても納得できる点です。彼らは「成功したら与える」のでなく「与えるから成功する」ことが正しいことを教えてくれます。

本書を読むことで「ギブ&テイク」こそが真理であることがわかります。他者への思いやりとコミュニケーションこそが重要で、そのメカニズムと、正しいギブの仕方を教えてくれます。読めば、組織運営や昇進、営業、交渉、事業の立ち上げまで、ありとあらゆるシーンで正しいふるまい方ができるようになるはずです。

《人間関係を円滑にする本》

『残酷すぎる人間法則』エリック・バーカー（飛鳥新社）

ＡＩが普及して、仕事の多くをＡＩが担うようになれば、私たちはいっそう意識して、深く人間と関わらねばならなくなるかもしれません。そんなことを考えさせてくれる本です。人間関係の意外な真実と戦略を集めてあります。人間関係の常識を覆します。

たとえば、人は誰もが1日に200回ウソをつかれているといいます。かと言って、相手のウソに騙されないようにウソを見抜く力を高めるのは間違っていると言います。なぜなら、人間はウソを見破るのが苦手で成功率は平均54％しかないからです。それより、相手のウソをつく能力を低下させることに取り組むほうがいいと本書は教えます。

また、人間は他人の気持ちを2割しか読み取れないそうです。だから、相手の心を読むことより、本音が出やすい環境を作ることに重点を置いたほうがいいといいます。他にも、付き合いにくい人に対する接し方では、共感性の低いナルシストへの対象法として、彼らに怒りを表すことは逆効果でも、落胆を示すことは効果的だと教えてくれます。こうした人間関係に関する方法論が、科学的な裏付けとともに紹介されています。

なお、人間の幸福度が最も高いのは、友達と過ごす時間だという研究結果があるそうです。たとえば、職場に親しい友人が3人いれば、人生に幸せを感じる可能性は96％高くなるそうです。大事なことは、幸せな生活を送るために、時間とコストをかけてでも友人を作ることです。良い人間関係を作ることが幸福につながるからです。

私たちは「面倒くさいから」とサークルや勉強会など、コミュニティ活動や会合に参加しないなど、楽なほうに流されがちです。加えて、リモートの機会が増えて、人間関係はますます希薄になっています。その結果、孤独になれば不幸になります。本書は、人間関係の大切さを改めて教えてくれる本です。

《生き方・働き方を考える本》

『TQ-心の安らぎを得る究極のタイムマネジメント』ハイラム・W・スミス（SBクリエイティブ）

ビジネスパーソンは多忙です。日々の仕事に加えて、上司からの急な指示や部下のミスのフォローなど、イレギュラーな仕事も飛び込んできます。時には、部下に時間の使い方をアドバイスすることも必要です。働き盛りであれば、子育てや介護などプライベートにも時間がとられるでしょう。

本書は、全世界で読まれてきたタイムマネジメントの名著で時間管理の基本が学べます。しかしながら、読めば時間について大いに考えさせられることになると思います。本書のタイムマネジメントの目的は、思い通りに生きるためであり、ものごとに優先順位をつけることだという考えが根底にあるからだと思います。単に仕事の効率を上げるだけでは意味がありません。空いた時間に別の仕事がなだれ込んでくるだけです。大事なことは、仕事をコントロールし、心の安らぎを得ることです。本書のゴールはそこにあります。

はじめに「成功を約束する10の自然の法則」を作ります。これを基に時間を管理していく方法を解説します。「緊急なこと」が「大事なこと」とは限りません。本当に大事なことは「こう生きたい」「こうありたい」と自分が思う通りに生きることです。それを実現するために、仕事やイベントの優先順位を決めていきます。常に立ち返るべきは自分の憲法です。これを制定しておけば、自分を見失うことがなくなります。そうすれば自分の人生を自分でコントロールでき、自分が人生の主役になることができます。結果的に日々の仕事の生産性を高め、心の安らぎをもたらしてくれます。

本書の内容を実践すれば、仕事を効率的にこなしていくだけでなく、公私にわたって本当の意味で豊かな人生が送れるようになると思います。ＡＩが仕事を担うようになれば、時間の在り方が変わるかもしれませんが、だからこそ、一度時間について学び、時間とは何かを考え、自分なりの答えを持っておくことです。そのきっかけになる本です。

《生き方・働き方を考える本》

『7つの習慣』スティーブン・R・コヴィー（キングベアー出版）

ＡＩの進展などで世の中が大きく変わっても、人間らしい生活を送りたいものです。そのためには、ビジネスだけでなく、プライベートも重要です。正にライフワークバランスが求められます。

本書は、元祖ライフワークバランスの手引書だと思います。仕事だけでなく、家庭や友人関係など、生きる上で大切なすべての要素を取り上げ、バランスを取ることを目指します。１９８９年に発刊されて以来、世界中で読まれ、今も読まれ続ける名著です。

著者はリーダーシップ研究の第一人者で、ライフワークバランスの必要性を早くから唱えてきた人物です。

大事なことは、タイトルにもある「７つの習慣」です。これを確立することで、職場でも、家庭でも効果的に行動できるようになります。事例もビジネスにとどまらず、家庭を題材にしたものを多数、取り上げています。

著者は「７つの習慣」を身につけるには、世の中に対する認識と解釈を転換するパラダイムシフトが必要だと言います。この転換を実現する方法を教え、生産性向上、時間管理、前向きな思考、自発的に行動する能力などを開発する方法を描きます。

本書は読んですぐに役立つヒント集ではありません。コンセプトは複雑で、理解には時間がかかります。実践はさらに困難です。著者の研修に参加したつもりで、じっくり腰を据えて読み、考え、身につけていくべき内容です。ワークシートも充実していますので、ペンを手に、どんどん書き込んでいくべきです。一度読んで終わりでなく、定期的に繰り返し読み直し、取り組みなおす必要があります。だからこそ「習慣」なのです。ひとたび身につければ、その習慣は、生きる上でかけがえのない財産になると思います。

《生き方・働き方を考える本》

『LIFE SHIFT』リンダ・グラットン、アンドリュー・スコット（東洋経済新報社）

先の見えない時代に、私たちは何を考え、どう動けばいいのか、正しい身の振り方を考える本です。「人生100年時代」というように、これからは誰もが100年生きうる時代です。先が長くなった分、働き方、学び方、結婚、子育てなど、人生の想定のすべてが変わってくるはずです。実際、コロナ禍で、これまで進まなかった在宅勤務やリモートが一挙に進みました。変わる時は一挙に変わるものです。しかも、AIと共存する時代は目の前です。何が起きるのかを予測することは困難です。そうした変化にすべて備えることは無理でも、柔軟に対応したいものです。少なくとも裁量権のある自分自身の働き方については、先を見通して、むしろ主体的に取り入れていきたいものです。そのためには、トレンドを押さえておくべきです。

本書はその方向性を示してくれます。「人生100年時代」という言葉を生んだ世界的ベストセラーで、著者は、日本政府に請われて「人生100年時代構想会議」の有識者議員にも起用されています。「誰もが教育、勤労、引退という3つのステージを生きる時代は終わった」といい、それに備えて何をするべきかヒントを紹介します。もちろん、考えるのは自分ですが、そのきっかけを与えてくれます。発刊からすでに数年が経ち、冒頭のリモートワークなど、本書の予言の一部は早くも実現しつつあります。

読めば目前に迫る長寿社会の実態がつかめます。そして、それを踏まえた仕事や人生の楽しみ方のヒントが得られます。人生のビジョンを描く際の参考にもなるはずです。中には、実現が難しそうなことも書いてありますが、少なくとも今の仕事を安穏と続けるだけでは人生を乗り切ることは難しいことに気づかされます。地域に目を向けたり、早期退職や副業を考えたりなど、次の生き方が見えてくるはずです。部下やわが子など若い世代へのアドバイスにも生きるはずです。先の見えない時代だからこそ、読んでおきたい本です。

《生き方・働き方を考える本》

『限りある時間の使い方』オリバー・バークマン（かんき出版）

ＡＩで働き方が変われば、人生観も仕事観も大きく変わるはずです。本書は、それを考えさせてくれます。人生は、たった４０００週間しかないそうです。悔いなく生きたいものです。その人生をどう生きるかは、とても重要なテーマであるはずです。ところが、古今東西問わず、ビジネスパーソンは時間に追われています。だから、生産的になるための「ライフハック」が溢れています。でも、それらを駆使して時間を捻出《ねんしゅつ》したところで、別の「やるべきこと」で埋まるだけです。その結果、もっと大きなストレスに苛《さいな》まれ、不安で空虚な気分になるかもしれません。もちろん、時間の使い方に正解はありません。自分が納得できる答えを持ち、それに近づくように毎日を過ごすべきです。少なくとも、死に際に「もっと働けばよかった」と悔やむ人はいないのです。

本書は、自分の理想の時間の使い方を考え、有意義な時間の使い方を見つけることを目指します。タイムマネジメントの本ではありませんので、読んでも効率よく、もっと多くのことができるようになるわけではありません。むしろ「やらないこと」が増えるかもしれません。自分の有限性を受け入れ、その中で有意義な人生を築くにはどうしたらいいのか、哲学、心理学、スピリチュアル思想を駆使して時間の考え方を教えてくれます。

本書が読まれる背景には、コロナ禍の影響が大きいそうです。日常が停止し、時間の感覚が壊れた人が少なくないのです。時の経過が速すぎるような、反対に延々と停滞しているような、奇妙な感覚を持つ人が増え、時間管理を根本から見直すようになったのです。

本書は、多くの人にとって、その手掛かりになりました。読めば、時間に対する考えが根底から変わります。そして、本当に使いたいことに時間を使うことを考えるようになるはずです。その結果、働き方や、生き方や暮らし方が変わるはずです。

《生き方・働き方を考える本》

『DIE WITH ZERO』ビル・パーキンス（ダイヤモンド社）

お金の貯め方ではなく使い切り方に焦点を当てた本です。これまでにない、お金と人生の教科書です。お金の使い方を通して、人生観を変えてくれます。人生が豊かになるはずです。

著者は、人生の黄金期を待つのではなく、今すぐ豊かに生きることに取り組むべきだといいます。たとえば、お金を一刻も早く経験に使うことを推奨します。投資本にありがちな、収入の何割かを貯金するという考え方を止め、45〜60歳に資産を取り崩し始め、死ぬまでにやりたいことを全部やるようにします。子供に財産を遺す代わりに、自分が死ぬ前にあげてしまいます。死ぬときは、タイトルにある通り、一文無《いちもんな》しで死ぬことです。

日本人の場合、貯金額が最大になるのは死ぬ時で、だいたい3000万円くらいキャッシュを持って死ぬそうです。しかし、あの世にお金は持っていけません。お金は、使うためにあるのであり、その目的は豊かに生きることであるべきです。お金は、最も価値あるものに交換するべきです。それは、経験という、人生に喜びをもたらす究極の宝物です。

そんな風に、私たちのお金観、そして人生観を変えてくれます。

ＡＩが私たちの仕事を請け負うようになれば、人間はさらに多くの余暇を手に入れ、この問題に向き合わなければならなくなるかもしれません。今こそ目を覚まし、手遅れになる前に人生を豊かにする経験をたくさん積み重ねることです。少なくとも、そこに向かって動き出すべきです。思い出に満ちた最高の人生を作ることが究極の目的です。やりたいことを先送りするのは止めて、今を最優先するべきです。そのための考え方を教えてくれます。持てるリソースを上手に使いつつ、豊かな人生を生きる方法が見つかります。人生のあらゆるステージを最大限に生きる秘訣であり、人生を豊かにする方法です。お金に留まらず様々な気付きをくれる人生のバイブルです。

《生き方・働き方を考える本》

『ロングゲーム』ドリー・クラーク（ディスカヴァー・トゥエンティワン）

人間の寿命は延びています。人生は１００年になると言われています。ＡＩが進展して、私たちの生産活動がＡＩに置き換われば、ますます余暇が増えるかもしれません。

ところが、今現在は、日々忙しい現実があります。次から次へとやるべきことがやってきます。仕事など、やるべきことをさばくことに日々追われています。これが自分の望んだ人生かと疑問に思うこともあるかもしれませんが、では「どんな人生を送りたいのか」「時間があれば何がしたいのか」と問われても、忙しさにかまけて答えられずにいるのが実態です。

だからこそ、本書です。人生をロングゲームと捉え、戦略的に生きることを推奨します。目先の仕事で忙しいだけでは、何年たっても蓄積されるのは疲労と生活習慣病くらいなもので、他には何も手に入らないことに気づくかもしれません。それを避けるには、大企業のように、自分はどこに向かって行きたいのか、行くべきなのかを長期戦略で考える必要があります。本書を読めば、短期的成果ばかり求められる現代において、個人が長く大きな成功をつかむための戦略がわかります。ポイントは「自分の北極星」。自分にとって大切な価値を見つけることです。何事もそれを基準に選択するべきなのです。

著者は、世界のトップ50経営思想家に2回連続で選ばれた新進気鋭の経営思想家ドリー・クラークです。本書は、ウォール・ストリート・ジャーナル・ベストセラーであり、著者の日本初の単行本です。

人生はあっという間です。うかうかしている余裕はありません。読めば、流されるように生きる毎日を止め、自分の人生の手綱を自分で握ることができるようになります。そんな主体的な生き方を、今すぐ始めたいと考える人におすすめします。

《その他の本》

『FACTFULNESS』ハンス・ロスリング、オーラ・ロスリング、アンナ・ロスリング・ロンランド（日経ＢＰ）

ビジネスパーソンには、客観的な視野が求められます。ＡＩの時代になって、ＡＩを使いこなすには、なおさら必要な資質と言えます。ＡＩの答えの正誤や倫理性を判断する必要があるからです。

ところが、実際には賢い人ほど勘違いしやすいといいます。理由は、思い込みや先入観に囚われているからです。知識や経験がある人ほど、客観的な事実を見ることを怠《おこた》り、思い込みに囚われてしまうのです。

本書は、そんな思い込みを捨て、データや事実、すなわち「ファクト」にもとづいて物事を客観的に考えることの大切さを教えてくれます。世界中で読まれており、日本でも2020年の年間ベストセラーとなりました。

著者は、数十年間にわたって、何千もの人々に貧困、人口、教育、エネルギーなど、世界にまつわる質問をしてきたといいます。たとえば「世界の1歳児で、何らかの予防接種を受けている子供はどのくらいいるか」「いくらでも電気が使える人は世界にどのくらいいるか」などです。答えは本書にゆずりますが、どの質問も選択式であったにもかかわらず、正解率は3分の1以下にとどまったと言います。中でも、専門家、学歴が高い人、社会的な地位がある人など、いわゆる「賢い」とされてきた人ほど、正解率が低い傾向があるそうです。

読めば、先入観でなく、ファクトにもとづいて考える習慣が身に付きます。思い込みから解放され、ものごとを正しく見る習慣やスキルが身につきます。情報やデータを鵜呑みにすべきでないこと、情報の裏に隠れた真実を見抜くことの大切さがわかります。統計データを用いて解説していますので、世界の真実の姿も見えてきます。これ自体が仕事に役立つと思います。数式や難しい専門用語は一切でてきませんので、誰でも簡単に読み進めることができ、直感的に理解できると思います。

《その他の本》

『サピエンス全史(上下)』ユヴァル・ノア・ハラリ（河出書房新社）

世界で2500万部を突破し、日本国内でも150万部を突破した本です。歴史書ですが「ビジネス書大賞2017大賞受賞」「ビジネス書グランプリ2017リベラルアーツ部門 第1位」など、歴史以外の分野でも高く評価されています。理由は、歴史のための歴史書ではないからです。現代を知り、未来を切り開くための材料として歴史を学ぶ本なのです。

本文にも「歴史を研究するのは、過去を知るためでなく、私たちの前に想像しているよりずっと多くの可能性があることを理解するため」とあります。過去と現代を分析し、未来を大胆に予測しながら警鐘を鳴らす意欲的な本です。

本書を読めば、世界がなぜ今のような姿になったのかがわかります。歴史を俯瞰することで、現代世界をより深く把握することができるからです。著者は「認知革命」「農業革命」「科学革命」の3つの革命が重要だと指摘します。そして、これらの革命を柱に論説を進めます。たとえば、現代の人類につながるホモ・サピエンスは、20万年前、東アフリカに出現しましたが、すでに他の人類種もいました。ところが、ホモ・サピエンスだけが生き延び、文明を築くことができたのはなぜなのでしょうか?

理由は「認知革命」があったからだと言います。7万年前に遺伝子の突然変異で、柔軟な言語を持ったのです。これが集団行動を可能にし、先行する他の人類種や獰猛《どうもう》な動物たちを駆逐します。さらに、架空の事物を語るようになります。それが神話を生み、国家、法律、貨幣、宗教などの想像上の秩序を成立させることを可能にしました。こうした文明史を再認識した上で、今後、AIや遺伝子操作の進歩で現出する超ホモ・サピエンスの時代を考えさせます。最後に、人類はすでに生物としての順応力を超えて進化し、危険な種になったことを警告します。正にAIの時代を迎えた今の時代に必読の書です。

上下巻あわせて500ページ以上あり、歴史から未来を考えるという内容ですので、難解で退屈な本と思いがちですが、エッセイのように気楽に読み流せます。大学の講義が下敷きになっているからかも知れません。エピソードもわかりやすく、日本語訳もこなれています。

《その他の本》

『エッセンシャル思考』グレッグ・マキューン（かんき出版）

雑務に追われて、何もできないことがあります。リーダーであれば、なおさら自分の時間の使い方が、チームの生産性に直結します。できれば、むやみに動き回るのでなく、クリエイティブな思考に時間を費やしたいところです。

それを可能にするのが本書です。より少なく、より良く生きる、99％の無駄を捨て1％に集中することを目指します。無駄を捨て、大事なことに集中する方法がわかります。というと、タイムマネジメントや、ライフハックの技術をイメージしてしまいそうです。しかし、本書は違います。本書が教えるのは「より多くのことをこなす」方法ではなく、むしろ「できるだけやらない」方法です。本当に必要なことを見極め、それを確実に実行する方法がわかります。「より少なく、より良く」を目指すのです。

まず、ものの見方を大きく変える必要があります。たとえば、本書は「3つの思い込みを克服せよ」と言います。「やらなくては」「どれも大事」「全部できる」でなく、「やると決める」「大事なものはめったにない」「全部はやらない」と考えます。慣れ親しんだやり方を止めることは簡単ではありません。また、それを良しとする人がじゃまをします。でも、止めなければ、いつまでも雑事に忙殺されてしまいます。

特に、日本の会社は、生産性の低さがたびたび指摘されています。根底にあるのは、何も考えず、努力と根性でやり遂げることを許容してきた文化です。本書を読めば、世の中、無駄なことだらけで、やるべきことはごくわずかということに気づかされます。そして、努力と根性がいらない仕組みづくりに目を向けるようになります。

これからＡＩと共存するようになり、人間が何を担うべきなのか考える上でも必要な考え方だと思います。自分の考えを持ち、やるべきことを自分で選べるようになれば、今よりずっと簡単に、ずっと大きな成果があげられるようになるはずです。頑張りより、成果で評価される時代に、ますます求められる仕事のやり方が学べます。

《その他の本》

『ずっとやりたかったことを、やりなさい。』ジュリア・キャメロン（サンマーク出版）

自分のやりたいことを見つける本です。どんな人でも、何歳からでも、忘れていた夢を見つけ、かなえることができるようになります。その結果、創造的な毎日が送れるようになります。アメリカで25年間愛され続けてきたロングセラーです。

子供のころは、誰しも夢に溢れているものです。「絵を描くのが好きだから画家になりたい」「詩を書いて応募したことがある」「ミュージシャンになりたくて仲間とバンドを組んでいた」などと、誰もが夢を持っていたはずです。ところが、たいていの人は「勉強しなさい」「まともな仕事につきなさい」という世間や親の声や「才能がない」「できっこない」という自分の心の声で、そうした夢をあきらめてしまいます。

本書は、そんな内面に秘めて忘れてきた創造性を発掘し、育てていく方法です。「やりたかったこと」に取り組んで創造的に生きる具体的な方法がわかります。

読み物というより、創造性開発プログラムです。毎日をもっと創造的に生きたいと考える大人が忘れていた夢を見つけて、実現に向かって動き出すための方法がわかります。本書が取り上げる主な手法は以下の４つです。すなわち、毎日朝一番に行う数ページのライティング「モーニング・ページ」、楽しいことを探すために週1回する一人の遠足「アーティスト・デート」、ケータイなしで犬や家族も連れず、一人で行う20分の単独ウォーキング「ソロ・ウォーキング」、週1回記憶をよびさまし、過去の人生を再訪する「メモワール」です。数週間にわたって実践すれば、自分が本当にやりたかったことを見つけることができます。私も実践してみましたが、正に忘れていたやりたいことが次々と見つかりました。そのいくつかに今取り組んでいる最中です。あきらめていた夢や、活動を行う勇気が湧いてくる素晴らしい本です。

藤井孝一（ふじい・こういち）

経営コンサルタント。株式会社アンテレクト取締役会長。年間1000冊以上のビジネス書に目を通し、300冊以上読破する愛読家。その経験を活かして発行される要約と書評のメールマガジン『ビジネス選書&サマリー』は、同分野で日本最大級の読者数を誇る。雑誌などのビジネス書特集で本の選定や書評を行い、企業の研修で読み方の指南を行うなど、書籍に関する活動も積極的に行う。自らもビジネス書を多数執筆している。代表作『週末起業』（筑摩書房）をはじめ50冊以上。うちいくつかは中国、台湾、韓国でも刊行されている。

『読書は「アウトプット」が99%』（三笠書房）、『ビジネススキル大全』（ダイヤモンド社）、『投資効率を100倍高める ビジネス選書&読書術』（日本実業出版社）、『成功するためのビジネス書100冊』（明日香出版社）などビジネス書関連の書籍も多い。

本当《ほんとう》に頭《あたま》のいい人《ひと》が実践《じっせん》している AI時代《じだい》の読書術《どくしょじゅつ》

2024年 5月 7日　　初版発行

著者　藤井孝一
発行者　和田智明
発行所　株式会社 ぱる出版

〒160-0011　東京都新宿区若葉1-9-16
03(3353)2835－代表
03(3353)2826－FAX
印刷・製本　中央精版印刷(株)
本書籍に関するお問い合わせ、ご連絡は下記にて承ります。
https://www.pal-pub.jp/contact

ISBN978-4-8272-1437-6 C0034